KB122814

완 전 한

인 간

인생을
단단하게 살아내는
25가지 지혜

완 전 한
인 간

El Discreto

발타자르 그라시안 지음　강민지 옮김

교보문고

차
례

어디서든 우리는

철학을 해야 합니다.

1.

자신만의 기질과 기량을 가진 사람[*]

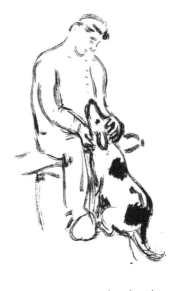

완전한 인간의 앎은
자기 자신을 아는 데서
시작합니다.

기질과 기량, 즉 타고난 천성과 후천적 지성은 완전한 인간을 만드는 두 개의 축입니다. 자연은 두 축을 번갈아 활용하고, 기술은 두 축을 갈고닦지요. 인간이 소우주라면 영혼은 그를 둘러싼 하늘입니다. 기질과 기량은 하늘을 번갈아 떠받쳤던 아틀라스와 헤라클레스처럼 한 쌍이 돼서 인간의 나머지 자질 전부를 찬란하게 비추며 행복을 주지요.

기질과 기량 중 하나만 있다면 어떻게 될까요. 행복이 반쪽뿐이라 질투가 생기고, 찾아온 행운에도 시큰둥해질 테지요. 기질이 좋지 않은 사람은 훌륭한 기량으로 박수받는 순간조차 마음껏 행복해하지 못합니다. 반대로 기질은 완벽한데 기량이 부족한 사람은 그 타고난 천성 때문에 더 쉽게 구설에 오르고요.

또한 어떤 이들은 기량 없이는 기질에서 우러나오는 행복을 온전히 느낄 수 없다고 조심스레 말하기도 합니다. 이를 뒷받침하는 근거로 기질genio이 기량

*   발타자르 카를로스(Baltasar Carlos) 왕자에게 바치는 찬사.
     발타자르 카를로스는 스페인 펠리페 4세의 아들이다.

*ingenio*에서 비롯된 단어임을 들면서 말이죠. 인생을 살면서 우리는 수없이 많은 괴물들을 만나고 또 갈팡질팡합니다. 그런 경험이 쌓이다 보면 무엇이 옳은지 스스로 깨달을 수 있습니다. 이 경험은 우리를 더 현명한 사람으로 인도해 줄 것입니다.

우아한 영혼을 갖추기 위해 필요한 건 다름 아닌 우아한 기량입니다. 우주에 태양이 있는 것처럼 소우주인 인간에게는 기량이 있습니다. 기량 중 가장 높은 단계에 있는 것이 바로 완전함입니다. 사람들이 완전한 신, 아폴론을 섬긴 것도 그 때문이죠. 완전한 기량은 우리를 하나의 인간으로 완성시킵니다.

기량에 있어서 인간은 짐승을 앞섰고 천사는 인간을 앞섰습니다. 숭고하고 무한한 세계 위에 신성한 본질을 세우는 것, 이것이 바로 완전한 존재가 지닌 완전한 기량입니다. 기량이 부족하면 우리는 삶의 많은 부분을 잃고, 정신까지 피폐해지기 쉽습니다. 하지만 기량은 각기 달라서 누구는 이해력이 부족하고, 누구는 말하기 능력이 부족할 수 있죠. 이것이 차이입니다.

인간과 인간 사이의 차이가 인간과 짐승 사이의 차

이만큼이나 클 때가 있습니다. 본질이 같을 땐 환경이 다르고, 의지가 같을 땐 그 의지의 실행력이 다른 식이죠. 이솝 우화 속 여우라면 이렇게 비판할지도 모르겠습니다.

"겉모습은 아름다운데 속은 텅텅 비어 있구나! 너에게서 보이는 공허함을 현자들은 이해할 수가 없다."[*]

사물의 본질을 현명하게 분석하는 일은 중요합니다. 아름다운 외모는 으레 못난 어리석음을 감춥니다. 말이 많으면 그저 그런 사람으로 남기 쉬운 반면, 입을 다물고 있으면 가장 무식한 짐승이라도 가장 예리한 사람을 속일 수 있습니다.[**] 말이 없는 사람들은 곧잘 이런 식으로 자신의 어리석음을 숨기죠. 나아가 침묵은 결함을 가리는 데 그치지 않고 오히려 신비롭다는 착각을

---

[*]   이솝 우화 〈여우와 가면〉에서 여우가 한 남자의 집에 있던 도깨비 모양의 탈을 보고 이렇게 말했다.

[**]   이솝 우화 〈사자 가죽을 쓴 당나귀〉에서 단순하고 무식한 당나귀가 여우를 속이기 위해 사자 가죽을 쓰고 변장했지만 울음소리 때문에 여우를 속이지 못했다. 저자는 이를 통해 침묵의 중요성을 설명하고자 했다.

하게 만들기도 합니다.

하지만 기질은 다리가 불편하거나 눈이 보이지 않더라도 오롯이 드러나 신성시될 수 있습니다. 흔히 기질을 인간을 보조하는 역할로만 보기도 합니다. 그러나 기독교에서는 철학을 한다는 것과 우월한 기질을 갖추는 것을 구분 짓지 않으며 기질적으로 행복할수록 더 우월한 것으로 봅니다.

기질은 특별하되 일관적이어야 하며 성숙하되 모순이 없어야 합니다. 원하는 만큼 존경받는 기질을 갖추기란 쉽지 않습니다. 모든 군주가 다 영웅은 아니듯 모든 신중한 사람이 다 교양인일 수는 없습니다.

성숙한 기질은 언제든 인정받는 숭고한 자연에서 탄생합니다. 기질의 성숙은 정신적 경지에 도달하기 위함입니다. 기질이 성숙하려면 담대한 행동과 고귀한 일을 선택해야 하며 이때 좋은 선택이 중요하다는 건 그냥 하는 말이 아닙니다.

기질이나 기량이 우월하든 평범하든 한 사람의 기질이 모든 일에 적합할 순 없고, 모든 일에 아무 기량이나 필요한 것은 아닙니다. 기질적으론 잘 맞아도 기량은 아닐 수 있고, 기질과 기량이 모두 잘 맞을 수도 모두 잘 맞지 않을 수도 있지요.

감정과 의무감에 속아 기질에 맞는 일인지 아닌지 헷갈리는 모습은 주변에서 흔히 볼 수 있습니다. 나에게는 비루한 갑옷이 어울리는데 현자의 예복을 입고 싶어 하는 사람도 있지요. 이때는 킬론*Chilon*의 명언*이 옳습니다. 자기 자신을 알아야 합니다.

완전한 인간의 앎은 자기 자신을 아는 데서 시작합니다. 자신의 미네르바**가 부족하다면 훌륭하고 깊은 생각을 할 수 있도록 각성시키고, 아직 덜 영글었다면 숨을 불어넣어야 합니다. 지혜를 배척하는 행동은 언제나 불행을 야기하고 때로는 치명적인 위기로 이어집니다. 자칫 자신의 취향, 기량, 운명의 흐름을 거스르는 싸움이 될 수도 있기 때문입니다.

---

*   '너 자신을 알라.'라는 명언은 소크라테스가 한 말로 잘 알려져 있지만 고대 그리스의 일곱 현인 중 한 명인 스파르타의 킬론이 남긴 명언이라는 의견도 있다.

**   지혜의 신의 이름이며, 여기서는 지성과 현명함을 의미한다.

국가 간에도 타고난 입지가 다르기에 기질적으로 맞지 않는 국가들이 있기 마련입니다. 도시 간에는 더욱 두드러집니다. 기쁨에 차 있는 도시가 있는가 하면 걱정이 가득한 도시도 있습니다. 사실 기질의 종류보다 기질의 정도가 다른 경우가 더 많죠. 로마라고 해서 모든 기질과 기량이 좋은 것은 아니며 모두가 코린토스의 문화를 즐겨야 하는 것도 아닙니다. 누군가에겐 중요한 것이 다른 사람에겐 안중에도 없는 것일 수 있죠. 위대한 도시 마드리드조차 누군가에게는 불편한 곳일 수도 있는 것처럼요.

한 사람 한 사람 만나 그들의 중심엔 무엇이 있는지 알게 되는 일은 크나큰 행복입니다! 작은 새 어치는 뮤즈*들 사이에 둥지를 잘 틀지 못하고, 시끌벅적한 궁인들 사이에서는 현명한 사람을 찾을 수 없으며, 궁정의 유희 속에서는 신중한 사람을 만날 수 없습니다.

세상에는 매우 다양한 민족이 존재하고, 타고난 특성과 관습 역시 각기 다릅니다. 따라서 모든 민족이 조

---

* 그리스 신화에 등장하는 예술과 학문의 신이다.

화를 이룬다는 건 불가능할 수밖에 없습니다. 고통을 즐기는 민족이 아니라면 어떻게 다른 민족의 꼴사나운 오만함에서 나오는 허풍과, 하찮은 경박함에서 나오는 야만성을 견뎌 줄 수 있겠어요.

자신만의 기질과 기량을 갖춘 사람을 만난다는 건 크나큰 행운입니다. 그런 사람을 찾는 덴 기술이 필요하고 그와 대화를 나누는 덴 더 큰 기술이 요구됩니다. 그와 함께라면 짧은 대화 또한 기쁨이며, 진지한 소통은 행복입니다. 완벽하거나 비범하거나 그 기질이 특별할 땐 더욱 그렇습니다. 선의와 악의, 탁월함과 저급함, 일관성과 변덕 같은 단어 사이엔 무한한 괴리가 존재합니다. 하나는 평범하고 다른 하나는 특별하죠.

자유롭게 선택할 수 있는 소중한 행운이 주어졌다는 건 더없는 행복입니다. 대개 집도 일도 이미 결정되어 있는 경우가 많으니까요. 심하게는 친구, 하인, 심지어 궁정까지도 기질은 고려하지 않고 정해집니다. 그렇기에 그 결정엔 불만이 넘치기 마련이죠. 자신이 저지르지도 않은 잘못 때문에 감옥에 갇힌 채 인생 전체가 무너질 수도 있습니다.

좋은 기질과 기량에 대해 고민할 때, 무언가 부족할 때 어느 쪽이 더 나은지를, 무언가 과할 땐 어느 쪽이 더 유리할지를 판단해야 하지만 쉽지 않습니다. 그래서 우리는 노력으로 판단력을 발달시키거나 기술을 갈고닦아 흐려진 판단력을 쫓아버려야 합니다. 최고의 행복은 좋은 영혼을 자연스럽게 타고난 영웅과 만나는 것입니다. 거장 중에서도 자신의 기질과 기량을 제대로 알지 못해 기쁨을 누리지 못하는 경우가 많습니다.

언제 어디서나 자신의 완벽한 경이로움을 드러내고자 맹렬히 경쟁하는 두 존재가 있습니다. 첫 번째는 발타자르*Baltasar*, 두 번째는 카를로스*Carlos*입니다. 발타자르 카를로스는 그 자체로 유일한 제1의 인간이며 그의 뒤를 이을 제2의 인물은 없습니다. 아, 이토록 꽃이 만발한 봄이 지나면 율리우스*Julio César*의 고귀한 7월*Julio*과 아우구스투스*Augusto*의 행복한 8월*Augusto*이 우리에게 찾아온다니 이 얼마나 영광스러운 기다림인가요!*

*   율리우스 카이사르와 아우구스투스 황제의 스페인어식 표기와 7월과 8월의 표기가 같은 점을 이용한 언어유희다.

기질이나 기량이
우월하든 평범하든
한 사람의 기질이
모든 일에 적합할 순 없고,
모든 일에
아무 기량이나
필요한 것은 아니다.

2.

말과 행동의 주인이 되는 사람

말의 주인이 된 사람의
단어와 문장은
두려움마저도
쫓습니다.

인간의 본성은 헤시오도스의 판도라를 닮았습니다. 헤시오도스는 신들이 판도라에게 많은 선물을 주었다고 했지만 인간에게는 아테나가 지혜를 선사하지도, 아프로디테가 아름다움을 주지도 않았습니다. 헤르메스가 언변을 선물하거나 아레스가 용기를 전하지도 않았죠. 인간은 말과 행동을 다스리는 능력을 경외하지만 제우스는 인간에게 그 장엄한 능력을 내리지 않았습니다. 하지만 인간에게는 노력하는 정성과 더불어 기술이 주어졌고 인간은 그렇게 매일 또 다른 완벽함을 향해 나아갑니다.* 또한 인간은 신뢰를 쌓아 권위를 얻고 훈련을 거듭해 지도자가 될 수 있게 되었지요.

대부분의 인간은 양극단에 서 있습니다. 한쪽은 본인의 본성 혹은 자신에 대한 타인의 악의적인 마음으

---

*   헤파이스토스는 제우스의 명령을 받아 판도라에게 상자를 만들어 주었다. 판도라는 아테나에게서 지혜를, 아프로디테에게서 아름다움을, 헤르메스에게서 언변을 받았다. 저자는 그런 능력이 신이 선물한 것이 아니라 문화나 학습을 통해 얻은 기술이라고 주장한다. 거친 본성을 갈고 닦는 것은 기술이기 때문이다. 이런 점에서 저자는 판도라와 인간 본성이 닮았다고 이야기한다.

로 인해 자신을 과도하게 불신한 나머지 시도해 보지도 않고 성공할 수 없다고 단정 지으며 자신의 행복과 능력을 잃어버리는 부류입니다. 이들은 모든 일을 두려워하며 방법을 찾아보기도 전에 한계부터 발견하죠. 이런 사소한 행동이 쌓이면 결국 문제에 굴복하고 스스로 개척해 볼 엄두조차 내지 못하게 됩니다. 그리고 급기야 자신의 행동, 심지어 자신의 욕망까지도 타인에게 미뤄 버리죠. 이들은 물속에 직접 뛰어들지는 못하면서 바람이 불어 우연히 날아온 것만 붙잡고 있기에 실속이 없습니다.

반대로 어떤 이들은 자신에 대한 만족감이 흘러넘칩니다. 이들은 자신의 모든 행동을 흡족하게 여기기 때문에 비난받을지언정 주저하지는 않습니다. 아집이 심하고, 고집을 부리는데 그럴수록 오류는 많아집니다. 못난 자식일수록 더 신경 쓰고 아끼게 되듯 그들은 자신의 고집스러운 주장과 사랑에 빠집니다. 의심이나 불만족이라고는 모르는 이들이 보기에 모든 일은 잘 풀리고 있습니다. 이렇게 단순한 방법으로도 행복해지기 때문에 이들은 오래도록 꽤 만족스러운 삶을 살기도 하죠.

이렇듯 경솔한 양극단의 사이에는 신중함이 있습니다. 여기 속한 사람들은 진중하고 대담하며 진정한 행복으로 가득합니다.

영웅*이 태어날 때부터 지닌 특별한 능력 같은 우월성을 말하려는 것이 아닙니다. 초라하고 위축된 모습과 상반되는 고상하고 진중한 모습에 대한 이야기를 하려는 겁니다. 이는 사물에 대한 높은 이해력, 해를 거듭하며 쌓인 권위, 주변으로부터의 존경이 어우러졌을 때에야 만들어집니다. 이 중 어느 하나만 갖춰도 우리는 말과 행동의 주인이 될 수 있습니다.

부유한 사람에게도 권위는 있습니다. 금을 가지고 있으면 멍청한 논리도 금빛으로 장식되고, 은을 가지고 있으면 단어에서 은빛 소리가 나는 법이죠. 그래서 사람들은 가난한 자의 말은 듣지 않으면서 부유한 자의 어리석음은 쉽게 칭송합니다.

---

*   저자는 자신의 또 다른 저서 《영웅(El Héroe)》에서 특별한 노력을 하지 않아도 사람들을 거느리는 능력을 타고난 자를 영웅이라고 설명했다.

하지만 가장 훌륭한 권위는 사물에 대한 정확한 지식, 꾸준히 해 온 일에서 비롯됩니다. 먼저 사물의 주인이 되어야 자유자재로 사물을 활용할 수 있는 법입니다. 그래야 비로소 대중 앞에 나서서 말할 수 있을 정도의 권위를 가질 수 있습니다. 사물에 대해 정확히 알고 나면 대중의 마음을 사로잡는 일은 쉽습니다.

말과 행동을 다스리기 위해서는 생각만으로는 충분치 않습니다. 삶에 직접 적용하고, 부단히 연습해야 합니다. 꾸준한 노력만이 결국 말과 행동의 주인이 되는 습관으로 이어지는 지름길입니다.

이는 자연에서 시작돼 기술을 통해 완성됩니다. 이것이 가능해지면 사람들은 모두 완전한 상태를 마주하게 될 것입니다. 이러한 우월감은 그들에게 능력을 부여할 것이고, 무엇도 그들을 막을 수 없을 것입니다. 그들의 모든 행동에서 후광이 비칠 뿐 아니라, 그들의 말과 행동이 몇 배나 돋보일 것입니다. 평범한 일도 우월한 자의 도움이 있으면 탁월해 보이기 때문에 모든 일이 보란 듯이 달성될 것입니다.

노력으로 쌓아올린 우월이 없는 사람들은 기회가

오더라도 불안해하기 때문에 쉽게 빛을 잃습니다. 그들이 불안해한다는 사실이 알려지면 빛은 약해지다 끝내 꺼져 버리고 말지요. 불안은 두려움을 낳고, 두려움은 대담함을 무자비하게 몰아내 후광은 사라지고 행동력과 이성까지 잃게 만듭니다. 그 빈자리를 차지하고 지배하는 게 바로 감정입니다. 이때 만들어진 감정은 고귀한 자유를 앗아가지요. 자유 없이는 사고가 차단되고 말이 얼어붙고 행동이 멈추기 때문에 여유로운 마음을 갖고 발전할 수 없으며 결국 완벽에 도달하지 못하게 됩니다.

또한 말의 주인이 된다는 건 듣는 이의 존중을 얻는 일입니다. 가장 비판적인 사람마저 집중하게 만들고 모두의 공감을 얻어야 합니다. 말의 주인이 된 사람의 단어와 문장은 두려움마저도 쫓습니다. 이들이 어깨를 한번 으쓱거리기만 해도 연설장은 얼어붙습니다. 위엄에서 나오는 냉기가 흘러넘치는 우아함을 감쌉니다.

말과 행동을 다스리는 사람은 대화를 하거나 설득을 할 때도 이미 입지가 분명해 어느새 존경을 얻습니다. 하지만 두려워하는 사람은 자신을 믿지 못해 자책

하고 패배를 시인합니다. 자기 불신은 타인으로 하여금 자신을 무시하게 만드는 빌미를 제공하기에 누구에게도 좋은 평가를 얻을 수 없게 합니다.

물론 현명한 사람은 멈출 줄도 알아야 합니다. 자신이 모르는 것에 대해서는 더욱 그렇습니다.《신중한 인간에게 보내는 안내문*Avisos al varón atento*》*에서 다루지만 특히 깊이를 측정하려면 바다에 무엇이 있는지 살피며 조심스레 들어가야 합니다.

군주들, 훌륭한 사람들, 권위를 가진 모든 사람들에게는 대담함을 발전시키는 것이 당연하고 가치 있는 일입니다. 하지만 지나치게 우쭐거리는 방식을 택해서는 안 됩니다. 무례한 사람 때문에 역정을 내지 않고 낙담한 사람 때문에 활기를 잃지 않도록 주의하는 중도를 찾는 것이 핵심입니다. 두려움에 사로잡혀 나서지 않거나 대담함을 숨겨서도 안 됩니다.

또한 어떤 사람들에게는 명령할 때뿐 아니라 부탁이나 간청을 할 때도 자신을 낮추기보다는 우월함을 보

---

* 　　　저자의 국내 미출간 작품 중 하나다.

여야 합니다. 그런 사람들은 스스로 천대가 아닌 존대를 받고 있다고 느끼는 순간 참을 수 없을 정도로 우쭐대기 때문입니다. 이런 성격은 보통 태어날 때부터 굴욕적인 상황에 처해 있었거나 운명이 나쁘게 흘러가는 사람들에게서 나타납니다. 신은 우리를 이제 막 만들어진 궁궐의 오만함과 궁문의 거만함으로부터 자유롭게 해 주었습니다.

탁월한 말솜씨는 그 주인이 누구든 빛나며 권위가 높은 사람일수록 더 밝게 빛납니다. 뿐만 아니라 연설가라면 갖춰야 할 단순한 조건 그 이상이며 변호사에겐 필수 불가결한 능력이지요. 또한 대사를 돋보이게 하는 자질이자 지도자를 유리하게 만드는 역량이기도 합니다. 그러나 이것은 무엇보다 군주가 갖췄을 때 가장 빛납니다.

탁월한 행동은 인간의 모든 행동을 더없이 빛나게 합니다. 외모도 더 밝아지고, 우아함은 절정에 달하지요. 걸음걸이를 보면 발자국에 그 사람의 품성이 나타나기 마련입니다. 말과 행동을 탁월하게 다스리는 현명한 사람들은 그 발자국을 탐구합니다. 탁월한 행동은 곧 완벽한 행동에 두 배 더 가까워지는 방법이기 때문입니다.

어떤 사람들은 말과 행동을 전반적으로 잘 다스리는 능력을 타고나기도 합니다. 그들은 이미 다른 이들보다 뛰어나고, 한편으로는 우월하기 위해 태어난 듯싶기까지 하죠. 직업이 뛰어나지 않을 때는 능력이 뛰어납니다. 지극히 평범한 행동 하나에도 그들의 고귀한 영혼이 느껴지며 그들은 언제나 승리하고 사람들을 압도합니다. 그리고 자신의 위대한 능력이 모든 것을 품을 수 있다는 신념을 갖고 다른 이들의 지도자가 되지요. 물론 그들은 지식, 기품, 완전함이라는 훌륭한 능력도 지녔지만 무엇보다 중요한 말과 행동을 다스리는 능력을 가졌습니다. 이 능력이야말로 그들을 우월하게 만듭니다.

반면 어떤 이들은 이미 진흙탕 속에서 하인의 영혼을 갖고 시중을 들기 위해 태어납니다. 이들의 마음속에는 어떤 품위도 없고 타인의 취향에만 휘둘리며 본인의 취향은 포기하지요. 이런 사람들은 자신을 위해서가 아닌 남을 위해 태어난 듯합니다. 심지어는 모든 사람의 심부름을 하기도 하죠. 또 이들 중 어떤 이들은 아첨과 아부만 해대는 우습고 못난 직업을 갖습니다. 아, 운명이 만들어 낸 존엄한 인간은 얼마나 많으며 또 자연이 만들어 낸 열등한 인간은 얼마나 많을까요!

말과 행동을 다스리는 능력은 마치 왕관과 같아서 다른 능력들이 왕을 모시듯 보좌합니다. 명석함, 관대한 행동, 신뢰감, 자긍심 같은 여러 능력이 그 뒤를 따르죠. 이 모든 능력을 칭송하고 싶다면 위대한 공작*의 아들인 훌륭한 페르난도 데 보르자*Fernando de Borja***를 보면 됩니다. 페르난도는 오른손에 재산을 물려받았습니다. 여기서 말하는 재산이란 신중함, 완벽함, 기독교인의 자세입니다. 이 모든 능력 덕분에 그는 부왕으로서가 아닌 아라곤의 아버지로 사랑받았으며 발렌시아에서 존경받았습니다. 또한 펠리페 왕가도 그를 좋아했죠. 펠리페는 페르난도에게 왕자를 신중하고 위엄 있으

---

*   간디아(Gandía)의 네 번째 공작인 프란시스코 데 보르자
     (Francisco de Borja)를 가리킨다. 보르자 가문은 스페인 발
     렌시아 지역 출신 귀족 가문이다.

**   아라곤 왕국의 부왕이었다.

면서도 교회를 따르는 인물이 되도록 가르치는 일을 맡겼습니다. 페르난도의 가르침에 따라 아들이 왕이 되고 영웅이 되고 불사신이 되어 위대한 아킬레스와 견줄 수 있는 인물로 거듭나게 하기 위함이었습니다.

모든 능력이 훌륭한 사람의 뒤를 떠받치고 있지만, 그중에서도 특히 말과 행동을 다스리는 능력은 일부 결점으로 인해 훌륭한 사람이 그 빛을 잃지 않도록 극진히 보좌합니다. 종종 훌륭한 사람 곁에는 비열한 사람이 따라붙곤 합니다. 비열한 사람의 가식, 경솔한 판단, 추한 유희, 공허한 만족감은 자칫 훌륭한 사람을 타락시킬지도 모릅니다. 이 모든 건 신중함과 분별력을 해치는 커다란 방해물입니다. 말과 행동을 다스리는 능력은 이런 방해물들로부터 훌륭한 인간을 지켜냅니다.

말과 행동을
다스리기 위해서는
생각만으로는
충분치 않다.
삶에 직접 적용하고,
부단히 연습해야 한다.

3.

시간과 내가 있다면
둘을 이길 수 있습니다.

인내할 줄 아는 사람

'인내'는 거북이 등껍질로 만든 마차를 타고 왕좌에 앉아 광활한 '시간'의 벌판을 가로질러 '기회'의 궁으로 향하고 있었습니다.

　'성숙'이 그랬던 것처럼 절대 서두르거나 흥분하지 않았죠. 대신 '밤'이 선물한 베개에 기대어 쉬어 갔습니다. 가장 고요한 순간에 가장 깊은 깨달음을 주는 말 없는 시빌라*들처럼 말이죠. 그의 우러러볼 만한 용모는 날이 지날수록 더 아름다워졌습니다. 고통을 겪은 뒤 드러난 깨끗하고 훤한 이마. 안경으로 감춰진 겸손한 눈. 화가 날 때는 분노하고 욕망이 일 때는 정열을 보여주는 신중한 해방감의 통로인 커다란 코. 가진 것의 부족함을 드러내지 않기 위해 내면을 향한 감정은 조금도 새어 나오지 못하도록 하는 유리로 된 입술과 작은 입. 좌절을 맛보며 비밀이 무르익기도, 썩기도 하는 광대한 가슴. 커다란 행운도 한번에 삼킬 만큼 거대한 위

---

*　　아폴론의 신탁을 받은 무녀의 이름에서 유래한 예언자이자 현명한 여인을 이르는 말이다. '베개에 누워 생각하라 (Consultar con la almohada)', 즉 고요한 밤에 침대에 누워 충분한 사색을 하라는 속담의 의미를 활용한 부분이다.

장이 있어서 모든 걸 소화할 수 있는 뛰어난 배. 열정으로 만든 큰 길이 놓인 바다와 같은 심장. 그곳에서는 매서운 폭풍도 성난 소리를 내지 않고, 파도가 부서지지도 거품이 일지도 않아 이성의 한계를 한끝도 침범하지 않습니다. 모든 게 다 위대합니다. 위대한 존재, 위대한 깊이, 위대한 능력을 갖췄습니다.

복장은 어떨까요. '인내'의 복장은 화려하기보다는 단정합니다. '품위'가 꾸며 준 듯 복장이 잘 맞으니 더 완성돼 보입니다. 자기 본연의 색인 '희망'이 완벽한 복장을 만드는 데 한몫했지요. 다른 색은 사용되지 않았어요. 특히 붉은색은 확실히 쓰지 않았는데 이는 분노한 뒤에 수치심을 느낄 때 나타나는 색이기 때문입니다. 눈은 승리자와 여왕으로 칭칭 감았습니다. 눈감아 줄 줄 아는 사람은 신중한 도덕심을 토대로 통치할 수 있는 법이니까요.

주요 수행원들을 이끈 건 '신중'이었습니다. 수행원들은 모두가 노인과 순례자가 쓰는 지팡이를 지니고 있었어요. 어떤 사람들은 금 지팡이, 나무 지팡이, 쇠 막대기 심지어는 교황관을 사용하기도 했는데 대부분 정부

관련 인물이었습니다. 이탈리아인들이 가장 높은 자리를 차지하긴 했지만 그게 그들이 세계를 대표하는 신사이기 때문은 아니에요. 스페인인 대부분과, 약간의 프랑스인, 일부 독일인과 폴란드인 들은 아무나 수행원으로 데려가지 않는 이 행렬에 감탄하며 현명한 '전략'에 만족해했습니다. 그런데 실은 빈자리가 아주 많이 남아 있었어요. 가장 신중한 민족인 영국인의 자리였을 거라는데 헨리 8세 이후로는 분별력과 완벽함에서 승리를 거두지 못했기에 비어 있는 것이었지요.[*] 오히려 중국의 정치인들이 신선함과 독특한 의복으로 돋보였습니다.

마차에 바짝 붙어 간 인물 몇 명은 이 훌륭한 마차 덕분에 위대한 자로서 명성을 떨쳤고 이제는 이들을 곁에 두는 것이 이 행렬의 가치를 높이는 일이 되었습니다. 파비우스 막시무스 *Fabius Maximus*[**]는 조금 늦게 도

---

[*] 헨리 8세는 첫 번째 부인인 아라곤의 캐서린과 이혼하면서 영국 교회의 분열을 야기했다.

[**] 제2차 포에니 전쟁에서 한니발을 무찌른 로마 장군이다. 끈질긴 지구전을 펼쳐 '굼뜬 장군'이라는 비난도 받았지만 마침내 승리했다.

착했습니다. 파비우스는 대단한 인내심을 발휘해 카르타고의 용맹함을 무너뜨렸고 대로마 제국을 부활시켰습니다. 그 옆엔 프랑스의 지휘봉[*]이 있었죠. 지휘봉은 수많은 병사를 습격하고 끝내 프랑스 필리프 왕의 인내심과 목숨까지 앗아갔습니다. 바를레타*Barletta*에서의 업적으로 잘 알려진 대장군*El Gran Capitán*[**]은 기량이 뛰어났고 판단력을 갖춰야 한다고 가르쳤습니다. 이로써 그는 무모함이 아닌 판단력으로 왕국의 통치자가 됩니다. 그의 앞쪽에는 아라곤의 겸용兼容의 왕이 감옥의 사슬로 천천히 왕관을 만들어 내고 있었습니다.[***] 철학자와 현자도 대거 합류했고 타인에게 본보기가 되는 교수와 경험 많은 교사도 함께했습니다.

---

[*] 아라곤 왕국의 페드로 3세를 부르는 별명으로 아라곤을 위협하는 프랑스에 대항한 왕이다.

[**] 대장군은 스페인 출신 장군 곤살로 데 코르도바(Gonzalo de Córdoba)를 부르는 별칭이다.

[***] 아라곤의 알폰소 5세는 밀라노 공작의 손에 휘둘려 감옥에 갇힌 것과 다름없는 시기를 보냈으나 아라곤 왕국의 영토가 지중해 전역으로 확대되면서 영광을 얻었다.

이 화려한 행렬을 관리한 건 '시간'이었습니다. 시
곗바늘이 서로 만나는 때가 가장 좋은 순간이었죠. '적
기'는 '조언', '사고', '성숙', '이성'의 비호를 받으며 문
을 닫았습니다.

맹렬한 괴물 군대가 적극적으로 무기를 들기 시작
한 때는 아주 늦은 오후였습니다. 경솔한 '집착', 신중
하지 못한 '재촉', 어리석은 '안일', 천박한 '대립'으로 이
뤄져 있던 괴물 군대는 얼마 지나지 않아 격하게 폭주
하기 시작했습니다. 여기에는 '무분별', '서두름', '불안',
그리고 '경솔'한 자도 모두 포함되어 있었죠.

'인내'는 큰 위기를 느꼈습니다. 무기와 화약이 부
족했거든요. '인내'의 군대에서는 무기와 화약이 야간
에 쓰였고, 지금은 마침 '충동'을 고치고 '분노'를 해체
하는 중이었습니다.

'인내'는 '포위'에게 중단하라고 명령했고 '위장'에
게는 전략을 세우는 동안 군대의 주의를 돌리라고 지
시했어요. 스페인 방식대로 장황한 생각을 하긴 했지만
효과는 같았습니다. 스페인 방식으로 귀찮게 굴었더니
효과가 좋았죠.

인내심을 발휘해 큰 공을 세운 현명한 비아스*Bias*^*
는 제우스를 닮으라고 말했습니다. 제우스가 인내하지
않았다면 번개를 얻지 못했을 것이라면서요. 프랑스의
루이 11세는 본심을 겉으로 드러내는 법이 없었는데 이
기술 외에는 어떠한 문법이나 정치도 후계자에게 가르
치지 않았습니다. 아라곤(인내와 신중함이 돋보이는 민족 중
에서도 아라곤은 인내심으론 최고입니다)의 국왕 후안 2세는
지금까지 쌓인 프랑스의 분노보다 스페인의 인내가 더
효과적이었다고 말했습니다.^** 위대한 아우구스투스는

---

*   그리스의 일곱 현인 중 한 명으로 탁월한 연설가로 알려져
        있다.

**   루이 11세는 왕위에 오른 뒤 아라곤 왕위 계승 전쟁에 개입해
        루시용과 세르다뉴 지역을 확보하는 등 세력을 넓혔고 부왕
        의 측근 세력을 제거하는 정책을 펼쳤다. 이에 불만을 품은
        귀족들이 모여 동맹을 결성하고 반란을 일으켰다. 양측의
        충돌이 이어지는 가운데 루이 11세는 양보하는 척하며 귀족
        동맹과 평화 조약을 맺었다. 하지만 이후 결국 왕국 내 봉건
        세력을 무너뜨리고 왕국의 기반을 닦는다. 루이 11세의 재위
        기간에 루이 11세와 후안 2세는 루시용과 세르다뉴의 소유권
        을 둔 갈등을 잠정적으로 중단하자는 평화 조약을 맺은 바
        있다.

천천히 서두르며*** 자신의 의견과 성공을 지배했고, 알바 공****은 리스본에서 그의 논리를 다시 한번 설파했습니다.

모두가 짧은 시간에 많은 이야기를 했습니다. 그리고 가톨릭의 왕 페르난도는 정치의 왕자로서 오래 기다린 만큼 더 많은 이야기를 했습니다.

"자기 자신의 주인이 되어야 다른 사람의 주인도 될 수 있습니다. 잠시 멈춰 생각하면 판단력이 성숙해지고 비법도 무르익습니다. 서두르다 보면 생명은 없으나 사라지지 않는 자식을 낳는 것과 같은 결과를 얻을 것입니다. 생각은 천천히 하되 행동은 재빨라야 합니다. 일을 지체하면 근면하더라도 안전하지 않습니다. 급히 물건을 잡으려고 손을 뻗는 순간 물건은 땅에 떨어집니다. 그때 들려오는 쨍그랑 소리는 일종의 경고이지요.

***　'천천히 서두르라(Festina lente)'는 아우구스투스 황제의 좌우명이었다.

****　스페인의 군인이자 정치가인 페르난도 알바레스 데 톨레도(Fernando Álvarez de Toledo)를 가리킨다. 그는 리스본 전쟁에서 싸우지 않고 이길 수 있는 모든 전략을 동원했다.

인내는 위대한 심장의 결실이며 수많은 성공을 낳습니다. 심장이 작은 사람은 시간도 전략도 없습니다."

그리고 그는 카탈루냐 명언으로 마무리했습니다.

"신은 지휘봉이 아닌 현명함으로 다스립니다."

위대한 승리자 카를 5세는 독일에서 누구보다 대단한 인내심을 발휘해 아주 심각하고 오래된 문제를 격파했습니다. 카를 5세는 이기고 싶다면 태도와 싸우라고 말합니다. 헤라클레스가 들고 있는 철로 된 곤봉보다 더 강력한 '시간'이라는 목발을 잘 활용하라는 말입니다. 그렇게 왕은 시간을 적절하게 쓰면서 결국 충동을 무너뜨릴 수 있었고 지옥에 빠진 것마냥 분노한 자들의 오만을 꺾었습니다. 마침내 승리한 왕은 다시 이렇게 말합니다.

"시간과 내가 있다면 둘을 이길 수 있습니다."

그 승리의 순간에 함께했던 '판단'은 '실패'에 이 이야기를 전했습니다.

잠시 멈추면
판단력이 성숙해지고
비법이 무르익는다,
서두르다 보면
생명은 없으나
사라지지 않는 자식을
낳는 것과 같은
결과를 얻는다.

4.

관대한 사람은 적에 대해
좋게 말하고 심지어
그를 성장시킵니다.

포용력 있는 사람*

영혼은 육체보다 훨씬 훌륭한 용기를 지니고 있습니다. 숭고한 영혼은 정중한 행동으로 이어져 마음을 빛나게 만듭니다.

영혼의 눈은 내면의 아름다움을 비추고 육체의 눈은 외면의 아름다움을 비춥니다. 내면의 아름다움은 높은 판단력에서 비롯되며 이는 외면의 아름다움을 뽐낼 때보다 더 칭송받습니다.

나의 능력은 전혀 평범하지 않습니다. 객체 안에서는 보편적이지만 주체 안에서는 매우 특별합니다. 넓은 아량이란 모두가 품을 수 있는 능력이 아닙니다. 평범한 사람은 내야 할 세금이 워낙 많아서 친절함을 갖출 여유가 없습니다.

나는 아우구스투스의 심장을 중심으로 삼았습니다. 아우구스투스는 친절한 태도로 저속한 험담을 물리치고 대중의 모욕을 용감하게 이겨냈습니다. 모욕을 대수롭지 않게 여겼던 그의 위대함이 모욕을 내뱉었던 로마

*   다른 모든 능력 중 가장 돋보이고 싶은 '친절'이 자신을 기억하길 바라며 아란다의 백작에게 보내는 비망록이다.

의 자유보다 더 사람들의 기억에 남았습니다.

나의 세계는 관대합니다. 관대함은 위대한 심장과 내 업적을 기리는 징표입니다. 관대한 사람은 적에 대해 좋게 말하고 심지어 그를 성장시킵니다. 이는 기독교의 훌륭한 관용을 보여 주는 신성한 격언입니다.

나의 진가는 복수의 기회가 올 때 찬란하게 드러납니다. 나는 복수심을 없애려 하지 않고 오히려 좋은 방향으로 바꿉니다. 복수심이 가장 끓어오를 때 의외의 관용을 베풂으로써 신뢰의 박수갈채를 받습니다.

루이 12세는 친절한 태도로 불멸의 명성을 얻었습니다. 프랑스인, 그중에서도 귀족들은 항상 정중했습니다. 루이 12세가 오를레앙 공작이었던 시절, 그를 모욕했던 이들은 그가 왕이 된 후에 그를 두려워했습니다. 하지만 루이 12세는 복수 대신 관용을 베풀며 수도 없이 반복했던 그 유명한 대사로 사람들을 안심시켰습니다.

"여봐라! 프랑스의 왕은 오를레앙 공작에게 모욕을 퍼부은 이들에게 복수하지 않는다!"

하지만 인간의 왕이 관대하다 한들 짐승의 왕과 겨

룰 때도 그럴 수 있을까요? 인간이 잔악해질 때는 오히려 짐승보다 못하기도 합니다. 인간의 타락은 인간이 서로를 해친 결과입니다(마르티알리스*Marcus Valerius Martialis*[*]의 생각에 따르면 그렇습니다).

나는 질투로 얻은 승리를 그리 높게 평가하지 않습니다. 나의 가장 강력한 경쟁 상대에게서 얻은 승리일지라도 그렇습니다. 나 또한 승리를 간절히 원하지만 과시하지는 않습니다. 나는 어느 것도 과시하지 않기 때문에 승리한 듯 위장하지도 않습니다. 그리고 업적을 세워 승리를 얻었을 때는 그 사실을 감춥니다.

앞서 나가려다가는 권리를 잃을지도 모릅니다. 양보의 미덕을 잊은 것 같을 때는 넘치는 친절함으로 다시 일어나야 합니다.

나는 저속함을 고상함으로 바꿉니다. 하지만 닥치는 대로 바꾸는 건 아닙니다. 훌륭한 기술이 없다면 비열함의 조각들은 다시 붙어 버리기 때문입니다.

[*] 고대 로마의 시인인 마르티알리스는 자연에서 사자가 드러내지 않던 잔혹함은 인간이 만든 서커스에서 발현된다고 말했다.

저속함에서 고상함을 빚어내고, 이미 불리하게 타고난 운명을 노력이라는 훌륭한 능력으로 발전시키는 것은 아주 명민한 행동입니다. 자신의 단점을 스스로 고백하고 나서는 이들은 타인의 입을 다물게 합니다. 이러한 행동은 자신을 낮추는 것이 아니라 영웅과 같은 용기이며 자기 입으로 자신을 고귀하게 만드는 행동입니다. 이는 자화자찬과는 다릅니다.

나는 모욕을 상대하는 관대한 방패입니다. 농담과 진지함을 넘나드는 뛰어난 솜씨로 방어합니다. 짧은 말이든 긴 문장이든 정중한 방식으로 피합니다. 여러 차례 노력하여 출구를 만들고 가장 혼란스러운 미로라도 날렵하게 빠져나옵니다.

나는 명석함의 든든한 한편이자 총애받는 동료입니다. 나는 언제나 인간의 행동을 발전시킵니다. 훌륭한 행동은 더 돋보이게 만들고, 의심스러운 행동은 명석함과 친절함을 핑계로 포장할 수 있습니다. 이따금 내가 인간의 숭고한 엄숙함이나 종교의 겸손한 예의나 여성의 신중한 말투에서 벗어나 있을 수도 있겠지만 그렇게 품위를 지키는 일을 소홀히 한 탓에 비난받을 상황이 되면 나는 이를 정중한 태도로 숨깁니다. 하지만 늘 절제해야 하며 경박함의 경계까지 닿지 않도록 너무 멀리 가서는 안 됩니다.

나는 내 승리를 더욱 빛내기 위해 위대한 적들을 두었습니다. 많은 선행이 가치를 발휘하도록 악행도 많이 물리쳤습니다. 예전에는 전혀 사용할 줄도 몰랐던 속임수를 약간 활용해 야비한 행동을 한 번에 격파했으며 그 이유가 질투가 됐든 불행이 됐든 자기 비하는 철저히 멀리합니다. 나 자신을 매우 고귀하다고 여기며 실제로도 기품 있는 성격과 마음을 갖췄습니다. 나의 문양文樣은 새 중의 신사, 매와 같습니다. 매는 자신이 잡은 새가 밤사이 두려움에 얼어붙은 피로 자신에게 온기를 나누어 줬을 경우 아침에 그 새를 풀어줍니다. 매의 자비는 여기서 끝나지 않습니다. 서로 마주치지 않도록 작은 새가 날아가는 반대쪽으로 날아가는 의외의 관용을 한 번 더 베풉니다.

위대한 인간은 모두 정중했으며 정중함을 갖춘 인간은 모두 영웅이었습니다. 마음과 성격이 관대했기 때문입니다. 훌륭한 자질은 위대한 인간이 품고 있고 인간이 위대할수록 자질은 더욱 훌륭해집니다. 여러 자질이 합쳐지면서 그 사람과 그의 능력이 더욱 뛰어나고 완벽해지기 때문입니다.

나는 누군가에게는 생소한 능력일 수 있습니다. 하지만 나의 웅장하고 찬란한 세계인 위대한 아란다의 백작*을 칭송했던 자들에게는 익숙한 것입니다. 그는 하느님을 신앙으로 경배하고 왕을 아낌없이 섬기고 조국을 열심히 받들어 온 사람입니다. 우레아*Urrea* 왕가는 앞선 모든 선조를 통틀어 가문을 가장 찬란하게 만들어 준 그에게 빚을 진 셈입니다. 그는 교회와 궁정에서 보여준 업적으로 영원불멸한 신앙심과 고귀한 정신을 얻었습니다. 그리고 이 모든 것은 위대한 고상함을 지닌 그가 관대하고 정중하며 장엄한 아라곤 최고의 영웅이라는 불멸의 칭호를 얻게 했습니다.

아란다 백작의 든든한 지원 덕분에 나는 여기까지

---

*   아란다의 백작이자 사르데냐(Sardegna)의 부왕이었던 안토니오 히메네스 데 우레아(Antonio Jiménez de Urrea)를 의미한다. 그는 학문을 후원하는 메세나스(Mecenas)였으며 작가이기도 했다.

왔습니다. 그리고 내가 훌륭한 인간을 다스리는 능력으로서, 사라지지 않는 강인한 영웅적 능력의 집합체로서 칭송할 만한 능력이라는 것을 인정받을 수 있도록 나의 업적을 기리는 이 비망록을 당신에게 선사하게 되었습니다.

5.

칭찬할 만한 지식을 갖춘 사람

훌륭한 능력을 갖춘 사람은
학문이 선사하는
가장 달콤한 열매를
즐깁니다.

헤라클레스는 그의 용기보다 분별력 덕분에 더 많은 승리를 거둘 수 있었습니다. 또한 그의 손에 있던 무서운 곤봉이 아닌 그의 입에서 나오는 빛나는 사슬 덕분에 더욱 칭송받았죠.* 곤봉으로는 괴물들을 굴복시켰고, 사슬로는 위대한 자들이 빠져나가지 못하게 만들었으며, 달콤한 언변으로 그들을 억압했습니다. 결국 이들은 헤라클레스의 기백보다는 훌륭한 능력 앞에 무릎을 꿇은 것입니다.

상황에 맞는 예의를 갖출 줄 알고 박학다식해 대화를 즐겁게 만드는 사람들이 있습니다. 또한 이런 사람들은 어디서나 환영받으며 끝없는 호기심을 유발하기에 많은 이들의 관심을 받죠.

이런 지식은 책에서도 가르쳐 주지 않고 학교에서도 배울 수 없는 것입니다. 대신 훌륭한 취향과 신중함을 갖춘 아주 특별한 배움터에서 얻을 수 있지요.

따라서 우리는 성숙한 언행을 중요시하는 사람들

---

* 안드레아 알치아토(Andrea Alciato)는 곤봉이 닿지 않는 거리에 있는 대상을 입에서 나오는 사슬, 즉 화려한 언변으로 휘어 감는 모습으로 헤라클레스를 묘사했다.

과 정중한 행동을 유심히 보는 사람들을 만나야 합니다. 이들은 세상에서 일어나는 모든 일을 알고 있습니다. 또한 궁금증을 풀기 위해 신탁을 받은 사람들이자 훌륭한 취향을 알려주는 스승이기도 합니다.

또한 우리는 그들과 수준 높은 대화를 나누며 서로 교류해야 합니다. 이렇게 나눈 대화는 틀림없이 풍부한 지식으로 이어져 후에 이해력을 높여 줄 것입니다. 이는 곧 호기심과 신중함의 창고가 됩니다.

활기찬 영혼을 가진 사람들은 언제나 존재해 왔습니다. 옛 선조들 못지않게 용감하면서도 그들의 장점까지 갖춘 사람들이 있습니다. 오늘날 사람들의 부러움을 산다는 건 곧 권위를 갖췄다는 뜻입니다.

하지만 그런 이유로 앞에 나서는 순간 명성은 사라집니다. 비범한 사람도 누군가에게 따라잡히는 순간 가치가 떨어집니다. 찬사와 경시는 정반대의 시공간에 있습니다. 찬사는 언제나 멀리에, 경시는 언제나 가까이에 있지요.

이렇게 훌륭한 능력을 갖춘 사람에게서 가장 돋보이는 부분은 바로 전 세계에서 일어나는 모든 일에 대해 안다고 할 만큼 풍부한 지식을 갖췄다는 점입니다. 이런 사람은 낯선 궁정과 부유한 도시의 일까지 알고 있습니다. 원인과 결과를 통틀어 모든 흐름을 파악하는 실용적인 지식은 훌륭한 인식력에서 비롯됩니다. 군주들의 주요한 행동, 특이한 사건, 자연의 불가사의, 운명의 극악무도함을 관찰하며 얻게 되는 능력이지요.

훌륭한 능력을 갖춘 사람은 재치는 책에서, 호기심은 조언에서, 판단력은 논쟁에서, 자극은 풍자에서 얻음으로써 학문이 선사하는 가장 달콤한 열매를 즐깁니다. 그는 한 군주의 성공은 행복하게 맞이하고 다른 군주의 실패는 안타깝게 바라봅니다. 또한 바다의 함대와 육지의 군대가 만든 전쟁의 소음으로부터 세상이 멈추는 상황, 평판을 이용해 속고 속이게 되는 상황을 용납하지 않습니다.

우주 전체에서 희극과 비극이 교차하는 지금 그의 가장 훌륭한 능력은 각 주체에 대한 정확한 판단력과, 주요 인물을 꿰뚫는 인식력입니다. 그는 각 군주에게 자신이 내린 결정을 전달하며 각 영웅에게 자신의 찬사를 보냅니다.

또 각 왕국과 지역에서 현명하고 용감하며 신중하고 정중하며 이해력이 뛰어나고 무엇보다 성스럽기로 이름난 사람들을 알고 있습니다. 모두 자신의 국가에서 가장 크고 장엄하게 빛나는 별들입니다.

그는 각자의 탁월함을 감정하고 가치를 평가하여 지위를 부여합니다. 또한 어떤 군주의 모순, 어떤 신사의 과장, 이 사람의 위선, 저 사람의 천박을 신중하게 기록합니다.

이러한 도덕적 분석을 통해 개념을 규정하고, 이 규정은 그의 신망 덕분에 진리가 됩니다. 뛰어난 인식력을 갖춘 사람은 사람들의 말과 행동을 더 정확하게 평가할 수 있고 그 속에서 언제나 교훈을 얻고자 합니다. 존경할 수 없다면 지식이라도 얻으려 하지요.

그는 무엇보다 영웅적이면서도 우아하고 훌륭한 언행과 정중한 행동을 적절한 때에 신기하리만치 잘 모방하여 사용합니다. 신중한 사람들의 문장, 비평가들의 총명함, 궁인들의 농담, 알렝케르의 유머, 톨레도의 신랄함, 사파타의 재치, 심지어는 대장군의 정중함까지 섭렵하지요.[*] 모두의 입맛을 사로잡기 위한 가장 달콤한 탄약입니다.

그리고 과정과 시간이 지남에 따라 펠리페 2세의 문장, 카를 1세의 명언, 가톨릭 군주의 깊이에 대한 경외를 품게 됩니다. 가장 신선하고 매력적인 문장은 소금처럼 짜고 입맛을 돋우는 말입니다. 그는 참신한 행동과 세련된 언변으로 훌륭함에 새로움을 더하면서 다시 한번 박수를 자아냅니다. 오래된 문장과 낡은 업적은 학자들의 틀에 박힌 지식만큼 지루하기 마련이지요.

이런 평범한 능력은 때때로 학문적 지식을 모두 합쳤을 때보다 대화의 기술을 더욱 빛내 주기도 합니다. 이 능력은 하늘이 내려주는 행운입니다. 조금만 가지고 있어도 유용하지요. 하지만 훌륭한 능력을 가진 사람은 다른 중요한 지식도 등한시하지 않고 능력의 기

---

[*] 포르투갈 알렝케르(Alenquer)의 후작 디에고 데 실바 이 멘도사(Diego de Silva y Mendoza), 이탈리아 밀라노의 후작 페드로 데 톨레도(Pedro de Toledo), 스페인 세비야(Sevilla) 출신 가브리엘 사파타(Gabriel Zapata), 대장군 곤살로 데 코르도바는 당대 말솜씨와 유머로 명성을 떨쳤던 인물들이다.

반으로 삼습니다. 예의가 소유보다 더 높은 가치이듯, 이 능력도 다른 어떤 탁월함보다 우위에 장식처럼 놓여 있습니다. 그는 이 능력이야말로 모든 능력을 합친 아름다움의 정석이자 탁월한 지식이며 자랑스러운 영혼이라 말합니다. 또한 그는 글을 쓰고 논리적으로 말하는 방법을 잘 알고, 아마 이런 능력을 바르톨루스 *Bartolus de Saxoferrato*와 발도*Pietro Baldo*[*]보다 잘 활용할 수 있을 것입니다.

이처럼 탁월한 재능을 갖춘 훌륭한 사람들은 선택받은 사람들만큼이나 희귀합니다. 이들은 호기심의 창고이자 예의의 중심입니다. 마케도니아의 왕과 그의 아버지, 로마의 율리우스 카이사르와 아라곤의 알폰소 왕가, 그리스의 일곱 현인을 관찰하고 그들과 영웅적인 대화를 나눈 사람이 없었다면, 우리는 우월한 삶의 진정한 부를 상징하는 지식의 창고를 채우지 못했을 것입니다.

[*] 바르톨루스 데 삭소페라토와 피에트로 발도는 이탈리아 출신으로 법을 공부하는 학생들에게서 널리 쓰인 책의 저자들이다.

이렇게 대담한 기질을 가진 사람을 찾으려면 대낮에 등불을 들고 찾는다 해도 수천 명 중 겨우 몇 명밖에 되지 않을 것입니다.** 우리는 이런 사람들을 만났을 때 기회를 잘 잡아 그들의 잘 익은 맛있는 지식을 즐겨야 합니다. 지식에 굶주린 상태라면 현명하고 신중한 자들에 대한 책을 구해 읽고, 배부른 상태라면 신중함, 높은 판단력, 성숙함, 이해력이라는 능력 자체를 즐기면 됩니다.

욕망은 언제나 새로운 것을 찾도록 우리를 이끕니다. 그 욕망은 열정적일 수도 희미할 수도 있으나 여기서는 앎의 즐거움과 깨달음의 풍미를 찾는 즐거운 욕망을 말합니다. 누군가 앎의 기쁨을 느끼면 시샘하고, 훌륭한 가르침으로 박수를 받으면 그 명성을 떨어뜨리려는 사람은 되지 말아야겠습니다.

어떤 사람들은 과거의 야만적인 모습으로 돌아가기도 합니다. 역량이 없는 사람은 풍부한 지식을 갖출 수

**   대낮에 등불을 들고 정직한 사람을 찾아다닌 그리스의 철학자 디오게네스의 일화를 따온 것이다.

없습니다. 판단력이 부족하므로 관찰도 잠깐만 할 뿐이지요. 하지만 신중함은 마치 벌이 활짝 핀 꽃 속에 있는 지식의 꿀을 즐겁게 빨아들이듯 찾아옵니다. 이는 어리석은 자들의 입맛에 맞춘 만찬이 아니며 평범한 사람들 속에서는 이와 같은 존경스러운 지식을 찾을 수 없습니다. 평범한 사람들은 취향도 지식도 그들의 우물 밖으로 넓히지 않기 때문입니다. 그들은 지금 가진 것 이상으로 발전시키려는 노력을 전혀 하지 않습니다. 또 어떤 사람들은 배를 채우는 데 행복을 집중시킵니다. 인생을 먹기만 하며 보내는 것이죠. 이는 가장 미천한 행동입니다. 우월한 능력을 갖추지도 활용하지도 못하는 것이니까요.

언변은 녹슬고 이해력은 헛되이 사라집니다. 훌륭한 사람들은 다른 모든 이의 우위에 있는 것이 아니라 지식이 부족한 사람들의 우위에 있는 것입니다. 지식이 없으면 이해력은 부족한데 쓸모없는 재산만 넘치는 미천한 삶을 살게 됩니다. 우리는 그저 한 인간의 삶이 아닌 현명한 삶을 살아야 합니다. 삶의 절반은 대화를 하며 흘러갑니다. 풍부한 지식은 현명한 사람들을 위한 맛있는 식사입니다. 이 식사는 훌륭한 콜라레스*Colares*의 후작 헤로니모 데 아타이데*Jerónimo de Ataíde**의 풍부한 지식에서 탄생했기 때문에 그의 고급스러운 입맛에 잘 맞습니다. 언젠간 그가 세운 불멸의 업적과 빛나는 지식에 대한 나의 존경심을 전할 것입니다.

*   포르투갈 콜라레스의 후작 헤로니모 데 아타이데는 저자의 친구였고 역사와 계도학에 흥미가 많았다.

6.

변덕은 항상
생각을 거치지 않은
우연 속에서
생깁니다.

변덕을 부리지 않는 사람

위대한 인물도 흠이 보이면 신임을 얻을 수 없습니다. 평범한 천보다 비단에 묻은 얼룩이 더 거슬리는 법이니까요. 변덕은 위대한 사람과 군주의 결점이 될 수 있습니다. 천성이 변덕스러운 사람도 있겠지만 대부분의 변덕은 후천적으로 얻어진 결함입니다.

변덕의 성질은 바다와 같아서 멀미가 날 지경입니다. 오늘은 아첨하던 사람이 내일은 비난을 퍼붓기도 하니까요. 이런 찰나의 변화로 인해 한 인간은 별에 닿을 듯이 솟아오르다가도 별 근처에도 가지 못한 채 금세 심연까지 떨어지고 맙니다.

변덕스러운 과정에 익숙한 사람은 승리하고, 처음 경험하는 사람은 패배하기 쉽습니다. 훌륭한 항해 기술을 지닌 사람들에게는 항해가 코웃음을 칠 만큼 쉬운 일이지만 신입들에게는 혼란스러운 일입니다. 위대한 인물들은 다른 사람들이 좌절하는 일에서 도리어 힘을 얻습니다. 오늘은 그들이 잘못된 길로 들어 성가셔질지라도 내일은 자신에게 도움을 요청하리라는 것을 잘 알기 때문입니다. 해결책은 악의 근원 그 자체에 있으며 이는 변덕의 습성입니다.

신중한 사람이 해안을 따라 가장자리와 습지에서 항해하는 모습을 보고 있자면 평온하기 그지없습니다. 먼바다를 헤아리는 모습은 정말이지 고상하지요. 그는 자신의 출중함을 뽐내지 않고, 메마른 땅에도 굴복하지 않습니다. 그 어떤 움직임도 그에겐 새롭지 않기 때문입니다.

이성적인 사람 속에서는 괴물 같은 변덕이 자라나지 않습니다. 변덕은 항상 생각을 거치지 않은 우연 속에서 생깁니다. 대의나 이점은 고려하지 않지요. 상황에 따라 핑계를 대며 행동을 바꾸는데 가끔은 신중해 보일지도 모르겠습니다. 하지만 오늘은 "예."라고 하고 흰색을 따랐다가도 내일은 "아니오."라며 검은색을 택할 수 있는 것이 변덕입니다. 지금은 맛있다면서 나중엔 맛이 없다고 할 수도 있죠. 분명한 이유는 없습니다. 그저 의미 없는 말이었거나 대세를 따르는 것이었을 테니까요.

좋아하는 게 너무 많은 탓에 갈팡질팡하다가 변덕을 부리는 하찮은 결함을 지닌 군주들이 있습니다. 지위가 높을수록 유치해지기 쉽죠. 그들에게 통치란 좋아하는 것과 싫어하는 것을 가르는 것입니다.

하지만 신중한 사람은 늘 일관적입니다. 이는 현명하다는 증거이기도 합니다. 능력이 아닌 취향이 변치 않는 것이니까요. 이들은 욕구가 정신을 공격할지라도 감정에 휘둘리지 않습니다. 신중한 사람은 움직이기 전에 모든 상황을 미리 살피기에 그의 행동의 변화는 변덕이 아닌 긴급함에 따른 것입니다.

균형을 맞추기 위해서는 사람을 대하는 태도뿐만 아니라 덕목을 바라보는 시선도 일관적이어야 합니다. 변덕스럽기로 정평이 났던 데메트리오스*Démétrios* 왕*은 많은 이의 비난을 샀습니다. 그는 매일 다른 사람이 되었습니다. 특히 전쟁할 때와 평화로울 때의 모습은 확연히 달랐죠. 전쟁 시기엔 모든 선행의 중심이었다가 평화가 찾아왔을 땐 모든 악행의 근원이었습니다. 전쟁에서 선행으로 평화를 만들었다면 평화 속에서는 전쟁을 만든 셈이죠. 휴식이나 노동은 사람을 이렇게나 변화시킬 수 있습니다.

하지만 우리가 네로 왕의 변덕보다 더 괴물 같을 수

---

* 마케도니아의 왕으로 변덕스럽기로 유명한 인물이다.

있을까요? 그는 자기 자신을 이기지 못하고 자신에게 굴복했습니다. 어떤 변덕은 완벽함으로 이어져 승리까지 거둬 낸 좋은 변덕이었다고 할 수도 있겠죠. 하지만 다른 변덕은 승리가 아닌 패배를 몰고 왔고 결국 왕은 궁지에 몰려 굴복하게 됩니다.

나쁜 것에서 좋은 것으로의 변덕이라면 좋은 변덕이고, 좋은 것에서 제일 좋은 것으로의 변덕이라면 최고의 변덕입니다. 하지만 보통의 변덕은 자기 자신을 갉아먹습니다. 인간은 항상 나쁜 것을 마주하며 좋은 것엔 등을 돌리는 법이니까요. 그래서 나쁜 것이 찾아오면 좋은 것은 곁을 떠납니다.

세상은 원래 변덕으로 가득하고 우리는 자연의 이치를 따라야 합니다. 산에서 솟아난 땅은 후에 계곡 앞에서 겸손해집니다. 다양한 풍경이 있기에 최고의 아름다움도 탄생할 수 있죠. 꽃으로 뒤덮여 있다가도 서리가 내려앉는 계절보다 더 변덕스러운 것이 있을까요? 우주에는 다양함이 보편적 가치이기에 결국 모두가 조화를 이루게 됩니다. 우주가 이럴진대 소우주인 인간의 내면은 얼마나 변화무쌍하겠습니까? 변화는 못난 것이 아닙니다. 완벽한 비율로 구성된 불규칙입니다.

이렇게 변화를 거듭하는 인간의 영혼은 하늘과 대화하지 않으면 완벽에 도달할 수 없습니다. 저 위에 있는 달은 변함이 없습니다. 이랬다 저랬다 하는 것은 신중함에 닿을 수 없는 못난 행동입니다. 발전을 거듭하는 건 훌륭한 일이지만 발전했다 퇴보하는 건 어리석은 일이자 미천하고 변덕스러운 행위입니다.

매사에 변덕스럽고 매일 달라지는 사람들이 있습니다. 이들은 자신의 명성을 떨어뜨리고 남의 생각까지 혼란스럽게 만듭니다. 어떤 때는 매우 빠르게 움직이다가 어떤 때는 이해도 행동도 하지 않습니다. 오늘은 결과가 좋아도 내일은 좋지 않아서 이해력도 운도 달라지지요. 의지에는 변명의 여지가 없으며 의지가 달라지는 건 제정신이 아닌 상태나 다름없습니다. 오늘은 머리 위에 두었던 것을 내일은 발밑에 둔다는 건 머리와 발이 뒤섞였다는 말입니다.[*] 그들의 이런 행동은 주변

---

[*] '발도 머리도 없다(No tener pies ni cabeza)', 즉 '뒤죽박죽'이라는 뜻의 스페인 관용 표현이 담긴 문장이다.

인들을 분노하게 만듭니다. 변덕스러운 사람들은 흔히 주변 사람들에게 자신을 이해할 수 있는지 거듭 확인합니다. 그리고 그로 인해 주변인들이 지쳐 떠나고 말지요. 고독한 바다는 견고할 수 없듯 자신을 믿어 주는 사람이 없으면 그들은 빛을 잃고 사라져 버리게 됩니다.

영웅 같은 한 쌍, 프란시스코 데 보르자 공작과 아르테미사 데 오리아 이 콜로나*Artemisa de Oria y Colona* 공작부인의 용맹함, 신중함, 교양, 상냥함, 칭찬할 만한 능력, 위대함은 더 이상 올라갈 수 없는 경지인 '논 플루스 울트라*Non plus ultra*' 수준에 달하여 간디아에서 명성을 떨쳤습니다. 부부는 훌륭하고, 반짝이고, 고상하며, 칭송할 만하며, 즐거움을 주고, 완벽하기까지 한 자신들의 견고하고 영원한 명예를 널리 퍼뜨렸습니다. 두 사람은 언제나 일관적이었고 영웅적이었습니다.

나쁜 것에서 좋은 것으로의
변덕이라면
좋은 변덕이고,
좋은 것에서 제일 좋은 것으로의
변덕이라면
최고의 변덕이다.
하지만 보통의 변덕은
자기 자신을 갉아먹는다.

7.

시간을 분배할 줄 아는 사람[*]

모든 행동엔
알맞은 때가 있습니다.

훌륭한 빈센시오여, 늘 데모크리토스와 함께 웃기만 하거나 헤라클레이토스와 함께 울기만 해서는 안 됩니다.** 성스러운 현인이 시간을 나누어 할 일을 분배했습니다. 가끔은 진지하게 때로는 즐겁게 시간을 보내고, 자신만의 시간과 타인을 위한 시간도 나누어야 합니다. 모든 행동엔 알맞은 때가 있습니다. 시간끼리 뒤섞여서는 안 되며 특별히 어떤 시간이 두드러져서도 안 됩니다. 모든 일은 시간에 따라 결정됩니다. 시간은 사람에 따라 충분히 활용할 수도 덧없이 흘려보낼 수도 있습니다.

시간을 다스리는 사람은 모두의 취향에 꼭 맞으며 신중한 사람들이 항상 탐내는 사람입니다. 자연은 인간을 자연의 집약체로 만들었습니다. 정신적인 부분 역시 마찬가지입니다. 독창적이고 숭고한 기질이라도 단 하

---

*   빈센시오 후안 데 라스타노사(Vincencio Juan de Lastanosa)에게 보내는 편지글이다. 저자의 친구 빈센시오 후안 데 라스타노사는 작가이자 예술가다.

**   데모크리토스의 별명은 웃는 철학자, 헤라클레이토스의 별명은 우는 철학자이다.

나로만 규정되는 기질은 불행합니다. 평범한 직업에 맞지 않는 기질을 가진 사람을 생각해 봅시다. 군인이 자신의 군대를 활용할 줄 모르고 상인이 자신의 이익을 창출할 줄 모른다면 어떨까요? 모두가 한목소리로 그들의 귀를 홀려 뻔뻔하게 주의를 돌릴지도 모릅니다. 간혹 이런 계략에 넘어가지 않는다 해도 결국에는 조롱받을 일이 생길 것입니다.

다양성은 언제나 아름답고 유쾌한 가치였으며 오늘날에도 즐거움을 줍니다. 어떤 사람들, 아니 대부분의 사람들은 한 가지만 찾아다니는데 이는 두 가지를 찾을 능력이 없기 때문입니다. 항상 상황의 한 부분만 다루고 하나의 주제에서 빠져나오지 못하는 사람들이 있습니다. 한 단어에 매몰된 사람들은 대화를 나눌 때 하나의 주제만 계속해서 퍼붓기에 마치 시지프스*의 형벌과도 같습니다. 신중한 사람들은 이들 때문에 두려움에

---

* 그리스 신화에 등장하는 인물로 신들의 분노를 사 커다란 바위를 산꼭대기로 밀어야 하는 벌을 받았는데 바위는 정상에 다다르면 다시 아래로 굴러떨어져 시지프스는 이 과정을 끝없이 반복해야 했다.

떨 수밖에 없습니다. 한 명의 어리석은 사람일지라도 그가 신중한 사람의 인내심에 덤벼든다면, 인내심에 구멍이 나서 판단력이 빠져나가게 만들 수 있습니다. 이런 돌발상황은 신중한 사람에겐 매우 고통스러운 일이기에 그 두려움 때문에 그는 불모의 고독을 자처하며 황금의 시대를 홀로 살아가게 됩니다.

누군가 같은 말만 계속하면 반감이 들며 분노가 치밀기 마련입니다. 고상한 사람조차 그들을 비난하고, 신에게 했던 말만 계속하는 사람으로부터 자유롭게 해 달라고 간곡히 빌게 됩니다. 그리고 그들의 빈자리는 기질과 기량이 훌륭하면서도 때와 기회를 놓치지 않으며 시간을 초월해 모두와 잘 어울리는 친구로 채워지지요. 그런 사람 한 사람만 있으면 수많은 사람을 대신할 수 있습니다. 반대로 말하자면 다른 사람 수천 명이 있어도 그런 한 사람을 대신할 수 없습니다. 따라서 그들을 귀찮게 해서라도 친구로 많은 시간을 보낼 수 있어야 합니다.

이렇게 모두와 잘 맞는 의지와 능력은 무한한 야심으로 가득한 영혼에서 탄생합니다. 보편적인 취향을 갖는 것은 위대한 능력입니다. 상황을 즐길 줄 아는 기술은 결코 평범하지 않으며 좋은 걸 활용할 줄 아는 기술은 뛰어난 능력입니다. 좋은 것 중에서도 정원은 실용적이고 건물은 훌륭하고 그림은 권위가 있으며 보석은 특별합니다. 과거의 일, 지식, 기릴 만한 역사를 관찰하는 일은 신중한 사람이 행하는 그 어떠한 철학보다 뛰어납니다. 하지만 이 역시 결국 부분적일 뿐이고 완벽한 보편성에 다다르기 위해서는 모든 것에 적절히 맞아 들어야 합니다.

신중한 사람은 하나의 일에 얽매여서는 안 되며 취향을 하나의 대상으로 결정해서도 안 됩니다. 이는 곧 자신을 불행에 가두는 일입니다. 하늘은 사람을 한 가지로 정의 내리지도 한계를 부여하지도 않았습니다. 자신을 과소평가하거나 제한을 두지 마세요.

위대한 인간은 정의 내릴 수 없습니다. 여러 완벽함을 반복적으로 보여 주기 때문입니다. 어떤 사람들은 한계가 명확해서 취향을 금방 알 수 있습니다. 그 취향은 확장되거나 널리 퍼지지 않지요.

하늘이 사람에게 음식을 내릴 때 만나*를 만들었습니다. 만나는 모든 풍미의 집합체로 모두의 입맛에 맞았고 보편적인 맛으로 즐거움을 선사했습니다.

대화를 나눌 때 늘 조심하기만 하면 노여움을 살 수 있습니다. 반대로 항상 농담만 하면 실망스럽고 늘 철학적이라면 마음을 무겁게 하며 항상 빈정댄다면 불쾌해집니다.

대장군 코르도바는 신중한 자들의 위대한 본보기였습니다. 그는 궁에서는 한 번도 전투해 본 적이 없는 듯 행동했고, 전투에서는 한 번도 아첨해 본 적 없는 듯 행동했습니다.

대장군은 위대한 군인이 아닌 현명한 어리석은 자를 자처하기도 했습니다. 한 사교 모임에서 상냥한 숙녀로부터 함께 춤을 추자는 요청을 받았을 때 그는 자신의 무지를 밝히고 양해를 구하면서 전투에서 손은 써 봤지만 궁에서 발을 움직여 본 적은 없다고 말했습니

---

* 성경에 등장하며 하느님이 광야를 떠돌던 이스라엘 민족에게 주었다는 음식이다.

다. 이에 대해 숙녀는 다음과 같이 답했습니다.

"평화로운 시기에는 당신의 시간을 즐기기 위해 갑옷은 그만 걸어 두는 게 좋지 않을까요."

그리곤 그 자리에 걸맞은 가장 평범하면서도 당연한 예의를 갖췄습니다.

지식은 서로 충돌하지 않으며 취향도 서로 대립하지 않습니다. 모든 것은 하나의 중심을 향해 있으며 각자의 때가 있습니다. 어떤 사람들은 자신만의 시간 이외에는 시간을 만들지 않고 항상 자신의 편의만을 고려합니다. 신중한 사람이라면 자신을 위한 시간은 물론이고 뛰어난 친구들을 사귀는 시간도 충분히 가져야 합니다.

점잖지 못한 일을 제외한 모든 일에 쓸 시간을 만들어야 합니다. 낮에는 신중했던 사람이 밤에는 어리석을 수도 있다는 말은 경박한 행동에 대한 변론이 될 수 없습니다.

훌륭한 빈센시오여, 그렇기에 각자의 인생은 다름 아닌 희극과 비극의 교차입니다. 양자리의 시간이 시작되면 물고기자리의 시간은 끝납니다. 행복과 불행의 균형을 맞추고 희극과 비극을 고르게 만들어야 합니다. 우리는 모든 시간과 기회를 위해 준비해야 합니다. 웃을 줄도 알고 울 줄도 알고 신중할 때도 있고 가끔은 어리석기도 해야 합니다.

오, 우리가 그토록 열광하는 위대한 레모스의 백작 프란시스코 페르난데스 데 카스트로*Francisco Fernández de Castro*이시여! 그의 취향은 적절히 분포돼 있어서 모든 직업이 한 번씩 때를 맞이했고 그의 영웅적인 보편성 안에서 모든 석학, 교양인, 신중한 사람들이 기회를 잘 활용할 수 있었습니다. 학자, 신사, 종교인, 기사, 인본주의자, 역사학자, 철학자, 심지어는 가장 섬세한 신학자들까지 아울렀습니다. 프란시스코 백작은 모든 시간을 잘 다스리며 모든 취향과 모든 직업에 잘 맞는 진정한 보편적 영웅입니다.

---

* 레모스(Lemos)의 아홉 번째 백작이자 아라곤의 부왕이었다.

8

현명한 사람은
진실을 깨닫습니다.

현명한 사람*

박사   현명한 사람에겐 긴 설명이 필요 없다고들 합니다.

나   저는 긴말 하지 않고 현명한 사람을 설명하겠습니다. 사실 저는 말도 필요 없고 영혼의 창이자 마음이 적힌 봉투라 할 수 있는 얼굴만으로도 현명한 사람을 알 수 있습니다. 현명한 사람의 침묵은 어리석은 사람의 사족보다 더 많은 것을 표현하기도 하니까요.

박사   가장 중요한 진실은 항상 절반만 전해지기 마련입니다.

나   그렇습니다. 하지만 현명한 사람은 그 진실을 깨닫습니다.

*   후안 프란시스코 안드레스(Juan Francisco Andrés de Uztarroz) 박사와의 대화. 저자의 친구 후안 프란시스코 안드레스는 시인이자 역사학자다.

박사   아라곤의 암피온*Amphion*이 이를 잘 활용했습니다. 자국에서는 박해받았지만 타국의 위대한 돌고래에게서 보호와 박수를 받았죠.

나   조화는 부드럽게 어우러지는 화음 이상으로 강한 힘이 있습니다. 경이로운 기량이 조화를 이뤘을 때처럼 말이죠.

박사   어리석은 말로 둔갑하여 전해지는 진실을 구분해야 합니다.

나   어린아이나 무지한 사람처럼 보이고 싶지 않

---

*   암피온은 그리스 신화에 등장하는 인물로 물에 빠졌을 때 돌고래(Delfines)의 도움을 받아 목숨을 건졌다. 아라곤의 암피온은 펠리페 2세의 비서였던 안토니오 페레스(Antonio Pérez)를 뜻한다. 그는 불명예스러운 사건에 휘말려 아라곤으로 도주했으며 이후 프랑스로까지 도망갔다. 옛 프랑스에서는 왕세자를 도팽(Dauphin), 즉 돌고래라 칭하기도 했다. 암피온과 안토니오는 언변이 뛰어났다는 공통점도 있다.

은 탓에 그 누구도 진실을 말하려 하지도, 활용하려 하지도 않습니다. 그저 진실의 흔적이 종종 남아 있을 뿐이죠. 그런 진실마저도 격식과 예의를 차리는 분위기 속에서는 불가사의로 남게 됩니다.

박사　그런데 군주들은 언제나 눈치를 챕니다.

나　하지만 군주들은 진실을 따르면 과연 패배할지 승리할지에 대해 고민하지요.

박사　수줍은 여인일수록 아름답다는 건 사실입니다. 그렇기에 그들은 항상 몸을 가리고 걷습니다.

나　군주들은 가려진 것을 정중하게 벗겨 냅니다. 이를 위해서는 진실을 점치는 능력과 속임수를 꿰뚫는 능력이 필요합니다. 사람들이 입속에서 중얼거릴수록 잘 씹혀서 소화가 더 잘됩니다. 전략적으로 속임수를 사용할 때는 보통

두 갈래의 빛이 있습니다. 어리석음을 만났을 때 암흑 속의 아첨을 떨치기 위한 길을 걷고, 신중함을 만났을 땐 진실을 드러내기 위한 빛으로 향합니다.

박사　신중한 사람의 심사숙고와 노련한 사람의 집중력이 벌이는 불꽃 튀는 경쟁이라고 할 수도 있겠네요! 신중한 사람은 속임수를 겨냥하고, 노련한 사람은 고민합니다.

나　네, 지성을 실제 상황에 잘 적용할 수 있어야 합니다. 사람들은 자신이 마음에 드는 일은 항상 맹신하고, 마음에 들지 않는 일에는 고삐를 당기고 달아납니다. 아첨하는 말을 들으면 현명하게 되짚어야 합니다. 진실은 항상 생각했던 것의 절반도 안 됩니다.

박사　하지만 마음에 들지 않는 일에서 저는 반대라고 생각합니다. 현명한 사람은 사람들이 보이는 약간의 낌새와 찌푸림만으로 얼마나 많이 달아나야 할지를 눈치챕니다.

나   그리고는 종종 부끄러워하죠. 최대한 침묵하는 것이 말하는 것보다 낫다는 건 이해합니다. 신중한 사람은 조심스러운 순간에 천천히 들어옵니다. 상황이 가벼울수록 납처럼 무거운 발걸음을 내비치며 사려 깊은 단어를 사용하지요.

박사   비난이나 실망의 대상이 되고 나면 현명한 사람으로 인정받기가 매우 어려워집니다. 사람들이 탐내지 않는 사람은 훌륭하지 않다고 여겨지기 때문입니다. 훌륭하다고 설득하는 데는 유창한 말솜씨가 필요한 게 아닙니다. 또한 말솜씨가 데모스테네스*Demosthenes*[*] 처럼 훌륭하더라도 어떤 것을 좋지 않다고 설득하기에 충분하지 않습니다.

[*]   아테네의 정치가이자 연설가였다.

나 　　 상황을 완벽히 파악하기란 어렵기 때문에 가끔은 짐작해야 합니다. 어떤 사람들은 마음을 봉인하고 자신의 고민들을 가슴속에서 썩게 두기 때문입니다.

박사 　 그럴 때는 호흡의 맥을 짚는 능숙한 의사처럼 신중한 정신의학자가 돼서 입김 속에서 내면을 꿰뚫어야 합니다.

나 　　 아는 것은 절대 손해가 아닙니다.

박사 　 하지만 간혹 괴롭기는 합니다. 상대가 뭐라고 말할지 신중하게 대비하고, 말을 하고 난 뒤에는 그 말을 현명하게 관찰해야 합니다. 삶의 여정에서 교활한 스핑크스를 뛰어넘어야 합니다. 알지 못하는 사람은 패배합니다. 인간을 알아가는 수수께끼는 어렵습니다. 오이디푸스만이 이를 풀었으며 그마저도 힌트를 단 한 번만 얻을 수 있었습니다.

나   타인을 아는 것만큼 쉬운 일은 없습니다.

박사   자신을 아는 것만큼 어려운 일은 없습니다.

나   악해지지 않는 것만큼 단순한 일은 없습니다.

박사   자신의 결점을 대수롭지 않게 여기면서 타인
           의 결점을 부풀리지 말아야 합니다.

나   그런데 이웃의 눈에서는 티끌을 발견합니다.

박사   그리고 자신의 눈에 있는 들보는 보지 못합니다.[*]

나   앎은 자신을 아는 데서 시작됩니다.

박사   자신을 알지 못하면 현명한 사람이 될 수 없

[*]   성경에 자기 눈에 든 들보는 보지 못하고 남의 눈에 든 티
           끌은 잘 본다는 말이 있다.

습니다. 하지만 자신을 알라는 이 명언은 말은 쉽지만 행하긴 어렵습니다.

나   일곱 현인 사이에서 전해진 명언입니다.

박사   하지만 오늘날까지 이를 이룬 사람은 없습니다. 타인에 대해 더 많이 알수록 자신에 대해서는 잘 모릅니다. 어리석은 사람은 자신의 집보다 남의 집을 더 잘 압니다. 어떤 사람들은 자신에게 전혀 중요하지도 이익이 되지도 않는 일을 고민합니다.

나   세상에! 놀고먹는 일보다 더 나쁜 일이 있을까요?

박사   네, 쓸데없는 호기심을 갖는 겁니다.

나   오, 큰일이네요! 세상엔 실체가 없는 일들이 너무 많으니까요.

박사　신중한 사람의 숙고와 경박한 사람의 무모함을 구분할 줄 알아야 합니다. 한쪽은 축소하고 한쪽은 과장합니다. 주의 깊고 현명한 사람은 맹신은 물론 과도한 의심도 비판합니다.

나　그래서 스키타이인*들은 청년 펠레우스**에게 자신들은 강의 민족이라고 현명하게 말했죠. 저쪽에서 흐르는 것은 이쪽을 멈추게 하며 깊은 물이 더욱 고요하고 물이 가득할수록 조용하다는 뜻이었습니다.

박사　의심이 증거만큼 힘이 있는 순간도 있습니다. 카이사르의 아내는 어떤 의심도 사서는 안 됩니다(카이사르가 직접 말했습니다). 의심을 받기 시작하면 다른 모든 것은 소용없고 증거도 사

*　기원전 6~3세기 흑해 북쪽 초원지대에서 활약한 최초의 기마유목 민족이다.

**　그리스 신화에 등장하는 인물로 여기서는 마케도니아의 알렉산더 대왕을 의미한다.

라집니다.

나   상황에 따라 말의 깊이는 변합니다.

박사   많은 사람이 그 깊이를 제대로 헤아리지 않아
        질식했습니다. 현명한 사람은 헤엄을 쳐야 옷
        이 젖지 않는다는 것을 알고 있습니다.

나   자줏빛 옷*이라면 더 그렇습니다. 박사님, 박사
        님은 이제 지식인들이 그토록 기다리고 기대
        하는 고대의 사라고사를 향해, 저는 저의 철학
        인 신중한 인간을 향해 가 볼까요.**

---

*   자주색은 추기경과 군주가 입는 의복의 색이었다.

**   당시 박사는 고대 사라고사에 관한 책을, 저자는 신중한 사
        람에 관한 책을 집필 중이었다.

타인을 아는 것만큼
쉬운 일은 없다.
자신을 아는 것만큼
어려운 일은 없다.
악해지지 않는 것만큼
단순한 일은 없다.

9.

농담만 하지는 않는 사람

그들은 농담이랍시고
조금씩 다가오다가
결국 상대방의 면전에서
흉을 보는 지경에 이릅니다.

신중함은 진중한 모습이며 진중하면 존경을 얻습니다. 양극단에 있는 사람들 중 그나마 더 안전한 건 점잖은 기질을 가진 쪽입니다. 항상 농담만 하는 사람은 결코 진실하지 않습니다. 그런데 언제나 그런 태도인 사람들이 있죠. 그들은 진지함보다는 농담이 낫다며 으스댑니다. 농담이 낫다는 말에 편을 들어주지 않으면 괴물은 탄생하지 않습니다. 계속 장난만 치는 것만큼 비난받을 만한 일도 없습니다. 물론 잠깐의 농담은 할 수 있겠죠. 다만 이외에는 항상 진실해야 합니다. '재치'라는 단어 속에는 재치의 활용법도 담겨 있습니다.* 눈치 빠르게 때를 가려야 하고, 사람은 더더욱 가려야 합니다. 타인에게 실없는 농담을 하는 건 그 사람을 낮잡아 보는 행위이며 기껏해야 자신과 동등한 위치로 여겨서 하는 행동입니다. 존중은 사라지고, 존경은 거부하는 행동이기도 하고요.

이런 사람들이 하는 말은 무엇이 진실인지 알 수 없

---

* 원문에 쓰인 '재치'를 뜻하는 스페인어 'sales(salir의 2인칭 단수)'에는 '빠져나가다'라는 의미도 있다.

기 때문에 거짓말쟁이와도 같습니다. 한쪽은 거짓말만 하는 탓에, 다른 한쪽은 농담만 하는 탓에 신뢰를 얻지 못합니다. 농담만 하는 사람들은 진지하지 않기 때문에 진중해지는 법을 모르는 듯 보이기도 합니다. 하지만 진중할 줄 모르는 것이 아니라 진중하기를 싫어하는 것이기에 더욱 나쁩니다. 스스로 결함을 만들고 있는 것과 다름없으니 더 추해 보이기도 합니다. 다른 사람에겐 결점이 되는 경박함이 그들 안에서 자라나고 있습니다. 똑같이 즐거움과 웃음을 주더라도 어떤 사람들은 명확한 의도가 있으며 다른 사람들은 그렇지 않습니다.

더 심각하게는 때와 사람을 가리지 않고 농담을 일삼아서 큰 분노를 유발하는 사람들이 있습니다. 그 경멸스러운 괴물로부터는 모두가 떠나갑니다. 그들은 아첨해서 꾄 다음 발로 차고, 구슬리는 척하다 이빨을 뽑아 버린 이솝 우화 속 짐승*보다도 곁에 남는 사람이 더 없게 될 테지요. 농담과 즐거움 사이에서 대화는 곡해

---

*　이솝 우화 〈늑대와 당나귀〉에서 풀을 뜯던 당나귀에게 늑대가 다가오자 당나귀는 절름발이 흉내를 내며 늑대를 속인 뒤 다가오는 늑대를 발로 차고 이빨을 부숴 버렸다.

되기 쉽습니다. 그러다 보면 정중한 태도를 보일 때조차도 다른 사람의 말을 진지하게 무시하는 것처럼 보일 수 있고 결국 품위도 잃습니다. 돌아오는 건 냉정함뿐이죠. 그들이 재미있다고 생각하는 말이나 행동이 다른 사람에게는 놀랍도록 화나는 일일 수 있습니다. 그런데도 그들은 농담이랍시고 조금씩 다가오다가 결국 상대방의 면전에서 흉을 보는 지경에 이릅니다. 재미있는 말을 해 준다면서 무례하게 굴 테지요. 이는 키케로Cicero**가 경멸했던 자들이 하던 행동이기도 합니다. 그들은 말 한마디로 친구를 잃기도, 기분을 풀어 주기도 했던 사람들입니다. 말재주로 명성을 얻지만 신중한 사람이라는 신뢰는 잃습니다. 농담의 맛을 선사하고는 후회의 벌을 받으며, 다른 사람은 웃게 만들었지만 결국 자신은 울게 되겠죠. 이들은 가장 절친한 친구에게도, 가장 침착한 지인에게도 농담을 아끼지 않습니다. 그들의 이런 기민함은 유리하게 작용하지 않고

**　　　고대 로마의 정치가이자 연설가로 재치 있는 농담에 관한 책을 썼다.

오히려 비난을 삽니다. 결국 그들의 이런 기량은 재난과 다름없습니다.

이런 재능은 결함들이 그렇듯 실속은 없고, 사람을 더 경박하게 만듭니다. 이런 사람들이 높은 지위에 오른다면 그럴수록 더 많은 비난을 받게 됩니다. 간혹 평범한 사람들을 소탈하게 대해 환심을 사는 군주도 있긴 하지만 그들은 자칫 그 가벼운 품행 때문에 품위를 잃는 위기에 처하게 되기도 합니다. 모두를 똑같이 대하지는 않기 때문에 종종 서로 기분이 상하기도 하고요.

이런 사람들은 사실 재치 있는 기질을 타고난 것입니다. 자연이 부여한 천성이죠. 재치도 신중하게 활용하면 결함이 아닌 능력이 될 수 있습니다. 권위 있는 사람들에겐 한 움큼의 재치가 칭송할 만한 능력이 되지만 매 순간 재미에만 기대려 한다면 가벼운 즐거움밖에는 줄 수 없는 사람이 되어 버릴 수 있습니다. 어떤 희극 소설은 등장 인물 중 하나인 다오스*가 농담만 던

---

* 고대 그리스의 희극 작가 메난드로스(Menandros)의 희극 중 〈중재판정〉, 〈심술쟁이〉 등 작품에 등장하는 인물이다.

지는 내용이라고 비난받습니다. 그렇다면 자기 자식에게 진지하게 가르치거나 야단을 쳐야 할 순간에 농담을 섞는 부모는 어떤가요? 웃음만 나오는 조잡한 희극 아닌가요?

자기 안에 진중한 미네르바가 있음에도 불구하고 거듭 재치 있는 척을 하는 사람들이 있습니다. 그들의 이런 행동은 인위적인 것이기에 그들을 보면 기쁨보다는 분노가 먼저 생깁니다. 만약 그들이 웃음을 주는 데 성공했다면 그건 그 농담이 유쾌해서가 아니라 비웃는 것일 거예요. 억지스러운 행동은 언제나 불쾌하기 마련이고, 그런 농담은 특히 참기 힘들거든요. 그들은 웃음을 유발하기 위해 일부러 우스꽝스러운 모습을 보여서 심각한 화를 불러일으키기도 합니다. 안 그래도 농담을 일삼는 사람에 대해서는 평판이 좋지 않은데, 심지어 재치 있는 척까지 하는 사람이라면 그들에 대한 냉담과 경멸이 얼마나 크겠어요?

우아한 사람과 우스운 사람은 천지 차이입니다. 신중한 사람도 물론 농담을 할 줄 알지만 그런 척을 하는 것이 아니라 적절한 때를 활용하는 것입니다. 농담 한

마디를 무심코 던지는 것은 진주 한 알보다 더 귀하게 여겨질 만큼 드문 일이어야 하며, 신중함을 안심시키고 품위에게 용서를 구해야 합니다. 적절한 때에 던지는 농담은 매우 가치 있습니다. 일을 해결하는 지름길이 되기도 하죠. 이런 재치는 경박함을 성숙하게 바꾸기도 합니다. 농담해야 할 상황이 있는가 하면 진지해야 할 상황이 있습니다. 신중함을 임의로 사용해도 괜찮은 유일한 순간은 바로 가장 활활 타오르는 불을 가지고 노는 때입니다.

진지한 사람들은 그 무게감이 너무 큰 나머지 카토 Cato[*]가 그랬던 것처럼 칭찬받지 못할 수는 있으나 존경을 얻습니다. 이는 성숙하고 신중한 사람들이 가는 매우 엄격한 길입니다. 이 길을 걷는 사람은 거의 없지만 많은 사람들이 존경하는 길이지요. 그들은 무거운 분위기를 자아낼지언정 무시를 당하지는 않습니다.

신중하지 못한 농담은 불리한 기질입니다. 심지어 죽음 앞에서도 장난을 멈추지 않는 이들이 있죠. 현명

[*]   로마의 정치인으로 청렴결백을 상징하는 인물이었다.

한 사람들이 백조처럼 죽는다면 농담만 하는 사람들은 어치처럼 불쾌한 장난을 치다 죽습니다. 카르바할 *Francisco de Carvajal*[**]의 인생이 어떻게 막을 내렸는지를 보면 알 수 있지요.

분별력 있고 신중한 사람은 농담을 아주 가끔만 합니다. 신중한 가톨릭 왕[***]이 신임을 잃는 데는 농담 한마디면 충분하니까요. 어리석은 자들은 이를 깨닫지 못하거나 서로 비슷하기 때문에 고통을 받습니다. 하지만 신중한 사람은 타인에 의존하지 않기 때문에 괴로울 일도 없습니다.

[**]   '안데스의 악마'라고 불릴 만큼 잔인했던 스페인의 정복자로, 농담을 잘하기로 유명했다. 결국 반란죄로 교수형에 처해졌다.

[***]   펠리페 2세를 의미한다.

10

벌은 최고의 선택을 하고
파리는 최악의 취향을
가졌다고 할 수 있습니다.

올바른 선택을 하는 사람

오늘날 인간의 진정한 앎(소크라테스의 말에 따라 모든 것을 아는 사람이 있다고 가정할 때)이란 현명한 선택을 통해 쌓입니다. 새로운 지식은 극히 드물거나 더 이상 없기 때문에 새로운 것이라면 그게 맞는지 의심해 볼 필요가 있습니다.

우리는 세기의 말을 지나고 있습니다. 황금의 시대에 새로운 지식이 생겨났고 이는 시간이 흐르며 더욱 늘고 있지요. 이제 모든 것은 반복입니다. 모든 상황이 이미 일어났기 때문에 무엇을 해야 할지가 아니라 무엇을 선택할지의 문제만 남았습니다. 선택하며 사는 삶은 자연이 소수의 인간에게만 내려 준 가장 중요한 은총입니다. 거기서 오는 특별함과 탁월함이 존경심을 배가시킵니다.

섬세한 기량, 날카로운 판단력, 학식과 지식을 갖춘 자들이 선택의 기로에 서서 이 모든 능력을 잃는 모습을 매일 봅니다. 그들은 항상 최악을 선택하고, 가장 부정확한 것에 몰두하며, 비난받을 만한 일을 좋아해 훌륭한 사람들로부터 악평을 듣고, 다른 많은 이들에게 무시를 당하죠. 이런 사람들에게는 모든 일이 불행하게 흘러가는 듯 보입니다. 누구도 이들을 칭찬하기는 커녕 반기지 않거든요. 그들은 뛰어난 업적을 세운 적이 없습니다. 선택을 잘할 수 있는 위대한 능력이 부족했기 때문입니다. 선택을 잘못하면 지식도 기량도 쓸모가 없습니다.

선택은 그 무게만큼이나 파장이 크기 때문에 매우 중요한 행위입니다. 모든 사람들이 선택받기를 원하는데 이는 높은 직책에 있어도 마찬가지입니다. 선택이야말로 완벽의 완성이자, 성공의 근원이며, 행복의 징표이기 때문입니다. 선택이 없다면 기술, 일, 사물 모든 것이 빛을 잃고 무용지물이 될 것입니다.

칭찬받을 만한 기질을 갖춘 사람이 아니라면 어떤 직업에서든 능력 있다는 소리를 듣기는 힘들 것입니다. 좋은 선택이 무엇인지 알았던 왕들만이 업무와 통치 과정에서 내린 선택들로 인해 명성을 떨칠 수 있었습니다. 왕이 국가의 존재 이유를 흔드는 실수를 저지르면 많은 사람들은 왕을 불신하게 됩니다. 그리고 결국 왕은 모든 것을 잃게 되죠. 반대로 성공을 거두면 불멸의 명성으로 모든 걸 얻을 수도 있고요. 사안을 선택할 때 실수를 저지르는 이들도 있고, 수단을 선택할 때 실수를 범하는 이들도 있습니다. 이런 치명적인 실수로 인해 귀하디귀한 금빛 왕관들이 수없이 파괴됐습니다.

선택이 주요 업무인 직업도 있습니다. 이런 직업은 신중함에 가장 많이 기댈 수밖에 없습니다. 사람들을 가르치는 일을 하는 사람들도 마찬가지죠. 설교자는 가장 칭찬받을 만하면서도 중요한 논리를 펼치고 싶어 합니다. 역사학자는 달콤함과 유익에 신경을 씁니다. 철학자는 겉으로 그럴싸한 것을 교훈으로 택합니다. 그리고 모두가 타인의 보편적인 취향에 주의를 기울입니다. 이것이 바로 선택의 법칙이지요. 위태롭거나 특별한 건 개성이 너무 강하거나 낯설어서 사람들이 쉽게 선택하지 않는 법입니다. 연회에서는 요리사보다 손님들을 만족시키는 일이 더 중요합니다. 실제 요리를 먹는 손님의 입맛에 맞지 않는다면, 그러니까 청중에게 맞는 이야기가 아니라면 설교자의 취향이 무슨 의미일까요? 어떤 사람은 섬세함을 선호하고 또 어떤 사람은 자신과 같은 취향에 박수를 보냅니다. 혹은 반대일 수도 있죠.

예술*에서도 선택이 필요합니다. 위대한 예술가 두 명이 명성을 두고 싸움을 벌였습니다.** 한 명은 워낙 섬세하고 정교해서 각각의 작품이 모두 마지막 혼신의 힘을 다해 완성시킨 것처럼 보였으나 예술가 스스로는 만족하지 못했습니다. 반대로 다른 예술가는 작품을 정교하게 마무리 짓지도 못했고, 당연히 완벽에 이르지도 못했습니다. 그럼에도 불구하고 그는 완벽한 선택을 해서 모두의 박수를 받게 되었습니다.

선택은 개인적 취향에서 탄생합니다. 그 선택이 훌륭한지는 검증을 통해 평가받는 법입니다. 이 평가에서 타인의 인정을 받는다면 낯선 사람에게 의존하지 않고 자신만의 규칙을 만들 수 있다는 점에서 유리합니다. 내가 좋아하는 것을 남들도 좋아할 것이라는 확신을 가질 수 있겠죠. 좋은 선택을 하면 기회가 왔을 때 모든 일이 잘 풀릴 테고, 이는 최고의 행복이 됩니다.

---

* 회화를 이르는 것으로 당시 회화에 대한 평가는 부정적이었다.

** 르네상스 시대 라파엘로와 벨라스케스를 뜻한다.

선택을 잘하는 사람이 실수한다면 그것은 필연이라기보다는 우연입니다.

반대로 나쁜 취향은 모두를 불쾌하게 합니다. 완벽하고 훌륭했던 것마저도 잘못된 조치로 망쳐 버리고 맙니다. 정말 이상한 사람들은 실수하는 법을 공부하기라도 하는 것처럼 항상 최악의 선택만 합니다. 그들은 최고의 기회가 왔을 때 최악의 말을 하고, 그들에 대한 기대가 가장 클 때 가장 무례하게 행동합니다. 그리고 항상 어리석음을 고수하죠.

벌은 최고의 선택을 하고 파리는 최악의 취향을 가졌다고 할 수 있습니다. 한 정원 안에서도 벌은 향기를 찾는 반면 파리는 악취를 찾기 때문이지요.

설상가상 이렇게 취향이 저급한 사람은 무지나 변덕 때문에 판단력이 흐려져서 첫 번째 실수에 이어 연달아 두 번째 실수를 저지르는 바람에 더 눈에 띄게 됩니다. 그리고는 자신의 불행을 다른 이들에게 옮기려 하죠. 자신의 모순된 선택이 타인의 기준 때문이라고 변명하는 겁니다. 심지어 자신의 그런 무미건조나 냉담함이 누군가의 취향일지 모른다는 예상이 빗나갔을 때

놀라기까지 합니다.

어떤 면에서는 저급한 것을 선호하고 다른 면에서는 고상한 것을 선호하는 사람들도 있지만 보통 뿌리가 부패한 사람들은 그 열매도 무르익지 않습니다.

훌륭한 취향 외에 개인의 성공을 위해 무엇이 필요한지 한번 생각해 봅시다. 우선 살펴야 할 건 기회입니다. 기회는 성공의 첫 번째 요인이지요. 기회는 탁월한 능력뿐 아니라 이익을 위해서도 필요합니다. 가장 훌륭한 것일지라도 때에 따라 가장 불필요한 것이 될 수도 있습니다. 탁월한 존재와 적절한 때가 중간에서 만난다면 행복한 결론이 나올 수 있습니다. 시간을 잘 관리하고, 적절한 장소에 찾아가고, 사람을 분별하고, 상황에 탁월하게 적응하면 선택은 거의 완벽의 절정에 가까워집니다.

감정은 신중함의 적입니다. 그렇기에 좋은 선택의 적이기도 하지요. 사람은 종종 이익이 아닌 감정을 따르게 될 수 있습니다. 그럴 땐 정확한 판단보다 변덕에 따라 행동하기 쉽습니다. 감정에 잘 휘둘리는 사람은 실제로는 좋지 않은 것일지라도 자신이 원하는 것이라면 다 좋은 거라고 착각합니다. 이런 사람들은 자기 스스로를 속이기 때문에 악의가 있다면 결과는 더욱 나쁠 수밖에 없습니다.

선택은 무수하고 숭고한 작업입니다. 우리는 가장 먼저 직업과 위치를 선택해야 합니다. 이는 인생의 성공과 실패를 결정하는 선택입니다. 선택에 따라서는 돌이킬 수 없는 불행 속으로 뛰어들게 될 수도 있습니다. 문제는 가장 중요한 결정은 지식과 경험이 부족한 인생의 초기에 일어난다는 점입니다. 이때는 아직 분별력이 부족하고 성숙하게 무르익지 않았을 때이죠.

친구를 택하는 것도 쉬운 일이 아닙니다. 친구는 우연이 아닌 선택으로 만나야 합니다. 어떤 친구를 사귈지는 인생에 있어 매우 중요한 선택이지만 대부분 우연에 기대기 마련입니다. 또한 인생의 조력자로 삼을 지인도 선택해야 하는데 대개는 그들이 사실 나의 적이었다는 게 드러나는 결말을 맞이합니다.

세상엔 최악의 것을 선택하도록 만드는 변덕이 수없이 많습니다. 자연은 이런 변덕을 피할 수 있는 은총을 내려주었습니다. 하늘이 내려준 좋은 변덕도 잘못된 도전 의식이나 부주의로 인해 안 좋은 결과로 귀결되기도 합니다. 많은 사람들이 이런 식으로 자연과 행운의 은총을 망쳐 버립니다.

선택이 없는 곳엔 완벽이 없습니다. 선택할 줄 아는 능력과 선택을 잘하는 능력, 이 두 가지가 탁월한 능력입니다. 선택하지 않으면 우연이나 욕망에 따라 맹목적인 길을 가게 됩니다. 선택에 실패하는 사람은 조언을 구하거나 선례를 찾으면 됩니다. 성공하는 방법을 아는 사람을 만나 그의 말에 귀 기울여야 합니다.

이제 모든 것은 반복이다.

모든 상황이

이미 일어났기 때문에

무엇을 해야 할지가 아니라

무엇을 선택할지의

문제만 남았다.

11

탁월함을 과도하게
뽐내다 보면
평범해지는 건
뻔한 결과입니다.

절제하는 사람

훌륭한 것에도 항상 결점은 있습니다. 탁월한 능력의 남용은 자칫 오용으로 이어지기도 하니까요. 모두가 탁월한 것을 탐내다 보면 탁월함은 흔해집니다. 그러다 진귀한 능력이라는 명성을 잃고 평범하다는 오명을 얻게 되죠. 탁월함이 타락을 유발하게 되는 것만큼 안타까운 일이 있을까요. 모두의 박수가 모두의 분노로 돌변하는 순간이지요.

이는 칭찬받을 만한 일을 했던 탁월한 사람들이 흔히 겪었던 문제입니다. 그들은 두터운 신망을 믿고 과시하다가 가장 높이 솟은 위대함을 파괴하고 심지어는 무너뜨립니다. 탁월함을 과도하게 뽐내다 보면 평범해지는 건 뻔한 결과입니다.

최악의 실수는 모두에게 필요한 사람이 되거나 그런 사람이 되고 싶어 하다가 결국 누구도 필요로 하지 않는 사람이 되는 것입니다. 훌륭한 자질을 가진 사람은 많은 이들이 찾기 마련입니다. 자신이 속한 집단이나 자신의 기질에 전혀 맞지 않더라도 누구나 훌륭한 자의 지휘나 전략을 참고합니다. 그의 손이 얼마나 닿았는지에 따라 사람들은 행복을 측정합니다. 특별히 나

서지 않아도 그의 훌륭함은 정평이 나 있어서 멀리서
도 그를 찾아옵니다. 그렇게 그의 능력이 세상에 입증
되곤 하지요. 그가 내놓는 수많은 의견은 다른 사람들
의 일에 깊이 관여합니다. 하지만 이런 참견이 좋은 것
만은 아닙니다. 결함은 아니지만 능력을 과도하게 사용
하다 보면 상처가 날 수 있고, 심지어 너무 많은 것을
얻은 만큼 또 잃게 될 수 있습니다. 절제할 줄 아는 사
람은 신중해 마지않습니다. 하지만 스스로 자제하며 이
런 안전한 길을 걸을 수 있는 사람은 그리 많지 않지요.

훌륭한 그림과 고귀한 실내 장식은 모든 축제에 항
상 등장합니다. 하지만 축제에 온 모든 사람들이 이 작
품들을 보고 나면 눈 깜짝할 사이에 쓸모가 사라지거나
흔해지는 최악의 상황이 발생합니다.

아주 귀하거나 현명한 사람은 아니지만 주변인들
이 항상 부르고 찾아서 눈에 띄는 사람들이 있습니다.
그들에겐 쉴 시간이 없고 때로는 잠과 식사도 포기하
곤 하죠. 그들에게 가장 큰 선물은 일입니다. 또한 그
들에게 최고의 날은 바쁜 날입니다. 그들은 대개 타인
의 연락을 기다리지 못하고 스스로 모든 일에 참견합

니다. 뻔뻔하게 행동함으로써 어리석음을 감추고 엄청난 노력을 보여 주죠. 하지만 그러다 보면 결국 모두가 그들에 대해 수군거리기 시작합니다. 그리고 그들을 험담하고, 무시하는 말을 하기 위해 혓바닥에서 털을 제거한 듯 행동하죠.[*]

그들을 계속 마주치는 것만큼 경멸스러운 일은 없고, 그들의 이야기를 들을 때마다 화가 날 만큼 지긋지긋해집니다. 결국 그들은 사람들이 찾았던 만큼 미움을 받게 됩니다.

그들의 손에서 항상 행복만 나오는 건 아닙니다. 처음엔 용기의 상자로 시작했다가 바퀴(운명의 바퀴)가 미끄러져 치욕과 불명예가 담긴 타락한 상자로 끝날 수 있습니다. 모두의 취향을 맞추는 건 불가능하고, 그러다가는 모두의 반감을 사기 쉽지요.

훌륭한 사람들은 질투와 미움을 피하기 어렵습니다. 탁월할수록 적은 더 많은 법이죠. 사람들은 튀어나

---

[*] 솔직하고 거침없이 말하는 모습을 비유할 때 사용되는 '혓바닥에 털이 없다.'라는 스페인 속담이 있다.

온 벽돌에 걸려 넘어집니다. 이는 걸출함이 아닌 걸림돌입니다. 그렇기에 최고가 되고 싶은 사람들은 대개 훌륭해지지 못한 채 다른 사람들과 충돌하게 됩니다. 품위는 매우 정교한 가치이며 깨지기 쉬운 유리와 같습니다. 따라서 사람들을 많이 만나고 얼굴을 알리게 되었다면 자신을 낮추면서라도 뒤로 물러나 자신을 지키는 편이 좋습니다.

항상 수탉처럼 남들 앞에 나서고 싶어 하는 사람들이 있습니다. 그들은 노래를 너무 부르는 탓에 사람들의 분노를 유발하지요. 조언과 배려를 위해서라면 한두 번의 노래로 족합니다. 그 이상은 소음이자 고집이에요.

진수성찬은 맛있지만 두 번째로 먹을 땐 처음만큼 만족스럽지 않습니다. 그리고 세 번째가 되면 슬슬 지겨워지죠. 욕구를 자극하기 위한 첫 맛을 지키고 유지하는 것이 중요합니다. 이를 실제에 적용해 봅시다. 한 영혼 안에 진정한 양식이 많으면 그의 지식과 취향을 맛있게 즐길 수 있습니다. 그런데 그 양이 많아지면 맛이 바래고 좀처럼 만족하기가 어려워집니다. 희귀성을 기반으로 한 훌륭함이 더욱 가치 있고, 그렇기에 존경받기란 항상 어려운 일입니다.

가치, 지식, 완전함, 신중함 등 모든 면에서 훌륭한 사람이 뒤로 물러나면 모두가 그를 더 원하게 됩니다. 그리고 모두가 그를 더 즐거운 마음으로 믿게 되죠. 모든 절제는 건강하고, 능력을 과시할 때보다 더 큰 명성을 떨치고 살아갈 수 있게 해 줍니다.

어떤 분야에서든 만능인은 있기 마련입니다. 아름다움에서도 마찬가지입니다. 그런데 이를 과시하면 위험해질 뿐만 아니라 과소평가라는 벌을 받게 되며 나중에는 멸시당할 수 있습니다.

이러한 속세의 위험을 알게 된 것이 얼마나 다행인가요. 네로 황제의 부인은 이런 위기를 예방하는 법을 잘 알고 있었습니다. 아름다워지는 법을 가장 잘 알았던 그녀는 항상 유혹을 하면서도 싫증 나지 않게 했습니다. 모든 것을 아끼고 다 보여 주지 않은 것은 물론이고 자기 자신조차 시샘했습니다. 어느 날은 눈과 이마를 보여 주었다가 다른 날은 입과 뺨을 드러냈지요. 절대로 나머지 아름다움은 내놓지 않았고 이로써 최고의 찬사를 얻었습니다.

그녀는 이런 방법으로 존경을 얻었고 자신의 탁월함을 감추는 척하며 전시하는 법을 알았습니다. 탁월함을 지키면서도 욕망을 자극하기 위한 것이었지요. 《신중한 인간에게 보내는 안내문》에서도 이 일화에서 얻은 교훈에 대한 이야기를 적었습니다.

인디언의 에메랄드에 관한 이야기가 있습니다. 이 이야기는 좋은 취향에서 비롯된 명민함을 보여 줍니다. 인디언은 동일한 품질의 에메랄드를 대량으로 들여왔습니다. 첫 번째 에메랄드는 숙련된 보석 세공사에게 경의를 표하며 보여 주었어요. 세공사는 감탄하며 값을 지불했습니다. 두 번째 에메랄드도 모든 면에서 뛰어났고 만족을 주기 위한 조건을 갖추고 있었는데 이번에는 가치가 절반으로 뚝 떨어졌습니다. 세 번째, 네 번째 에메랄드의 가치도 같은 비율로 하락했어요. 양이 늘어날수록 평가는 절하되었습니다. 에메랄드의 주인은 이런 일이 생긴 이유를 듣고 탄복합니다. 그 이유는 이 글에서 우리가 얻은 교훈이기도 합니다. 진귀함이 너무 자주 드러나면 자신을 갉아먹게 되고 희소성이 사라지면 가치도 떨어지는 법이라는 사실 말이에요.

　　그러니 불멸의 명성을 얻고 싶다면 만능 패가 아닌 에이스를 드세요. 자신의 탁월함이 극에 달한 순간일지라도 절반만 보여 줘야 한다는 걸 잊지 마세요.

12
·

들어올 때 받는 박수보다
나갈 때 얻는 행복에
더 시선을 둡니다.

끝을 생각하는 사람[*]

아주 단순한 방식으로 '운명'에 대해 생각해 보려고 합니다. '운명'의 집에는 완전히 다른 문 두 개가 서로 마주 보고 있습니다. 하나는 가장 좋은 날에 최고의 행복을 가져다주는 항아리 같은 흰 돌로 만들어졌고, 다른 하나는 반대로 빛을 잃어 마치 불행을 예고하는 듯한 검은 돌로 만들어졌습니다. 흰 문을 지날 땐 당당한 기쁨에 차며 검은 문을 지날 땐 쓸쓸하고 초라합니다. 흰 문으로는 '만족', '휴식', '명예', '풍성', '부'가 '행복'을 가득 싣고 지나갑니다. 검은 문으로는 '비통', '기아', '경멸', '가난'이 '불행'을 잔뜩 끌고 지나갑니다. 그래서 흰 문은 '기쁨'의 문이며 검은 문은 '슬픔'의 문이라 불립니다. 인간이라면 모두 운명의 집에 자주 드나듭니다. 둘 중 하나의 문으로 들어오게 되는데 이때 잊지 말아야 할 엄격한 규칙이 하나 있습니다. 바로 한 문으로 들어왔으면 다른 문으로 나가야 한다는 것입니다. 누구도 들어온 문으로는 나갈 수 없고 반대쪽 문으로

<hr />

* 후안 오렌시오 데 라스타노사(Juan Orencio de Lastanosa) 박사에게 보내는 편지글이다. 저자의 친구 후안 오렌시오 데 라스타노사는 성 우에스카(Huesca) 교회의 참사회원이다.

나가야 합니다. 기쁨의 문으로 들어왔다면 슬픔의 문으로 나가야 하고 슬픔의 문으로 들어왔다면 기쁨의 문으로 나가야 합니다.

운이 좋은 사람들이 흔히 저지르는 실수가 있습니다. 행복의 입구로 들어섰다가 비극의 출구로 나오는 것입니다. 처음에 받았던 박수가 클수록 마지막에 받는 비난은 더욱 큽니다. 중요한 건 들어갈 때 누구나 받는 평범한 박수가 아닙니다. 나올 때 얻는 사람들의 인정입니다. 남들에게 필요한 존재는 희귀하기 때문입니다.

여명의 미소를 띠고 떠오른 태양이 일몰의 눈물과 함께 지는 것을 얼마나 많이 보았습니까! 동이 틀 땐 아첨하는 새들이 노래를 부르며 인사하지만 해가 질 땐 밤에 나는 새들이 울부짖으며 배웅합니다.

어떤 일이든 외관은 화려하지만 뒷면은 초라합니다. 장엄한 입구는 사람들의 환호로 장식되지만 출구에는 저주가 가득합니다. 처음 명령을 내릴 때는 대개 많은 박수를 받습니다. 변화를 원하는 평범한 바람, 특별한 호의를 받으리라는 희망, 공동의 성공을 원하는 마음에서 비롯된 박수 말입니다. 하지만 마지막은 너무나 잠잠합니다! 침묵이 다행일 정도이지요.

'가치'라는 말을 '거짓'이 훼손하지 않는다면 '희망'과 '경외'가 자라나 칭송받을 수 있습니다. 한 사람이 얼마나 신임을 얻는지에 따라 달라지겠지만 처음이든 마지막이든 불행을 피할 수 없다는 사실은 예측할 수 있습니다. 마지막에는 모두 옆길로 새어 버리며 모든 일은 정의의 심판이나 대중의 비난을 받으며 짐으로 남게 됩니다. 시작할 때의 만족이 끝날 때는 수많은 불만족으로 변모합니다. 해도 결국엔 지듯이 몰락만큼 큰 불행은 없으며 그렇게 길에서 벗어나게 됩니다. 광채는 사라지고 따뜻했던 애정도 차가워집니다. 마지막을 행복하게 장식하는 사람은 드물며 박수갈채 또한 끝까지 이어지지는 않습니다. 지금 오는 사람들은 달성할 수 있다고 생각하는 일이 이제 가는 사람들에게는 무모해 보일 뿐입니다.

우정도 취향이 뒤얽히면 균열이 생겨 깨집니다. 기분 좋게 날아올랐다가 빙빙 돌며 떨어지지요. 또 일이나 개인적인 상태도 대개 '만족'과 '기쁨'의 문에서 시작했다가 '불쾌'와 '슬픔'의 문에서 끝을 맺습니다.

'운명'은 균형을 잘 맞춰 우아하게 차려입은 모습을

뽐냅니다. 언제나 가슴은 하얗게 덮고 등은 검게 덮습니다. 그렇기에 기대하지 않는 편이 옳습니다. 신중함의 끝을 달리는 사람은 끝을 잘 맺는 것에 더 관심을 갖습니다. 들어올 때 받는 박수보다 나갈 때 얻는 행복에 더 시선을 둡니다. 영민한 팔리누루스*Palinurus*[*]는 자신의 배를 뱃머리가 아닌 배꼬리에서 움직였습니다. 그는 배꼬리에서 인생이라는 여행의 키를 잡았습니다.

어떤 사람들은 처음엔 모든 일이 잘 풀리고 환호를 받기도 합니다. 모두의 인정을 받으며 일을 시작하고, 박수를 받으며 자리에 오르고, 배려를 받으며 우정을 엽니다. 모든 일이 행복하게 시작됩니다. 하지만 이런 사람들은 보통 끝이 비극적입니다. 마무리가 너무나 씁니다. 후식을 먹을 즈음엔 마치 쓰디쓴 찌꺼기를 먹는 것처럼 너무나 불행합니다.

한 로마인^{**}은 자신의 존엄과 직위는 자신이 원하기

*   로마 신화에 등장하는 인물로 배를 몰던 키잡이다.

**   그리스의 역사가 플루타르코스(Plutarchos)의 영웅전에 등장한 로마의 정치가이자 장군인 폼페이우스(Magnus Gnaeus Pompeius)를 가리킨다.

전에 이미 주어졌으며, 다른 이들이 원하기 전에 내려놓았다며 시작과 끝에 관한 위대한 법칙을 전했습니다. 다른 어떤 법칙보다도 가장 중요한 법칙입니다. 시작은 운명이 내려준 행운이었지만 마지막은 신중함을 탁월하게 발휘한 결과였습니다. 절제하지 못한다면 불행이라는 벌을 받을 수 있지만 먼저 내려놓으면 위대한 영광이 찾아옵니다. 현인들은 행운이 나를 떠나기 전에 내가 먼저 행운을 내려놓아야 한다고 조언합니다. 즉, 대비하라는 충고입니다.

행운은 훌륭한 태도를 겸비했을 때 훌륭한 결과까지 이어지도록 만들어 줍니다. 태도가 훌륭하다면 입구에서 받은 환호가 출구에서는 모두의 인정으로 변화하는 행운을 맛보게 될 것입니다.

우정, 타인의 호의, 일, 지위 모두 파괴로 끝나서는 절대 안 됩니다. 모든 균열은 그로 인해 발생하는 고통 그 이상으로 명성을 해칩니다.

운이 좋은 사람 중 소수만이 행운에 반대되는 결말을 피했습니다. 큰 행복은 보통 좋지 않은 결말을 맞이하기 마련인데 운이 좋았거나 분별력이 뛰어난 덕분에 적절한 때에 내려놓을 수 있었고 그랬기에 가능했던 일입니다. 어떤 영웅들은 모세가 사라지고 엘리야가 승천한 것처럼 하늘의 보호를 받아 그 마지막이 불가사의로 남게 되고 결국은 승리의 끝을 맞이하게 됩니다. 로물루스*Romulus*도 의문을 남긴 채 생을 마감했습니다. 원로원이 비밀스러운 악행을 저지른 탓에 로물루스는 더 큰 존경을 받게 됐습니다.

훌륭한 사람들, 심지어는 영웅들도 그들의 영광스러운 업적을 용처럼 불명예스럽게 지우기도 했습니다.** 하지만 헤라클레스는 마침표가 아닌 쉼표를 찍으며 업적을 이어나갔고 모이라이***처럼 자신의 불멸의 실을 스스로 짜냈습니다. 용감한 자들에게는 인정받았지

---

* 로물루스는 로마의 건설 영웅이다. 폭풍우가 쏟아진 어느 날 갑자기 로물루스가 사라지자 사람들은 그가 신이 되었다고 믿었다. 하지만 로물루스의 인기를 견제한 원로원에서 로물루스 제거하고 지어낸 이야기라는 의견도 있다.

** 알치아티의 문장(紋章)에 작은 새를 먹어 치우며 명성을 얻은 용의 잔혹함이 묘사되어 있다.

*** 운명을 관장하는 세 여신으로 운명의 실을 뽑아내고 잘라낸다.

만 현명한 자들에게는 실망을 주는 이야기였습니다.

불사조만이 진정한 미덕을 보여 줍니다. 불사조는 사라지는 듯하다가 다시 태어납니다. 이런 방식으로 불사조는 환호 속에서 시작한 일을 영원한 숭배로 이어지게 만들었습니다.

13

·

적절히 과시할 줄 아는 사람

능력을 뽐낼 차례가 오고
때가 되었을 때는
적절한 과시가 필요합니다.
기회를 잡아야 합니다.

'질투'는 아주 놀라운 눈을 가졌습니다. 그 눈은 매우 예민해서 있는 그대로를 보는 것이 쉽지 않습니다. 가장 많은 것을 꿰뚫어 보았지만 결코 평온하지는 않았습니다. 세상을 깨끗하게 본다고 할 수도 있었지만 모든 새의 시선이 아름다운 날개로 향했을 때부터는 그 능력을 잃었습니다. 그 아름다운 날개의 주인공은 공작새였습니다. 마치 태양이 떠오르듯 깃털로 커다란 원을 그리고 화려한 빛을 뿜어내며 나타난 공작새를 모두가 바라보았습니다.

그리고 감상은 감탄이 됐습니다. 단순한 감상 속에는 감정이 없었지만 감탄이 되어 감정이 생기면 곧 타락하기 시작합니다. 나와 견줄 만한 수준을 넘어선 상대에 대한 감탄은 질투로 변해 버리기 때문이죠. 너무 많은 것을 보다 보면 결국 눈이 멀어 버립니다. 모욕을 당해 대머리가 되어 버린 작은 까마귀는 더 비열하게 타락하기 시작했습니다. 급기야 공작새처럼 되기 위해 이쪽저쪽을 다니면서 모두에게 깃털을 구걸했습니다. 독수리는 절벽에, 백조는 호수에, 새매는 횃대에, 닭은 퇴비장에 있었습니다. 어두운 다락방에 있는 올빼미와

부엉이도 잊지 않고 찾아갔습니다.

작은 까마귀는 처음엔 칭찬받았지만 마지막엔 결국
모욕을 듣고 말았습니다.

"아름답고 멋지네. 부정할 수 없어."

공작새가 말했습니다.

"하지만 자만하는 순간 모든 걸 잃을 거야. 사람들에
게 이 사실이 알려지지 않아도 자기 자신을 보게 되는
순간 그 고귀함은 경박함으로 추락할 테지. 자화자찬은
가장 확실한 추태야. 자신에 대한 말을 아껴야 자신의
가치를 높일 수 있어. 아무리 아름답고 고상하고 현명
하고 용맹더라도 우쭐대기 시작하면 모든 것을 잃는
다고 빌빌리스의 백조가 노래했잖니. 나는 독수리가 왕
처럼 날개를 펼칠 때는 그 장엄하고 위대한 모습에 박
수를 보낼 거야. 아! 불사조야말로 유일하게 경탄을 자
아내지. 불사조는 과시를 천박하다며 증오하고, 신중하
게 뒤로 물러나 존경받는 삶을 살거든."

공작새는 이렇게 계속해서 작은 까마귀에게 질투의
씨앗을 심었습니다. 약간의 씨앗만으로도 작은 까마귀
의 비좁은 마음은 아주 쉽게 채워졌고 그렇게 작은 까

마귀의 마음은 질투로 가득해졌습니다. 질투는 쉽게 전염됩니다. 질투는 없는 핑계까지 들먹이며 물고 늘어지게 만듭니다. 질투는 극악무도한 짐승이라 타인의 장점으로 주인을 해합니다. 그렇게 질투는 오늘날 인간 속으로 들어와 폭풍을 일으키고 모든 인간성을 말살시키기에 이르렀습니다.

공작새의 아름다움을 없앨 수 없다면 가리기라도 하기 위해 새들이 모두 모였습니다. 새들은 공작새의 아름다움이 아니라 과시하는 모습에 집중하며 교활한 전략을 세웠습니다. 까치가 말했습니다.

"공작새가 역겨운 깃털을 자랑하지 못하게 만들면 아름다움의 빛을 모조리 없앨 수 있어."

'네가 안다는 사실을 남들이 모른다면 네 지식은 쓸모없다.'라는 말처럼 보이지 않는 것은 없는 것이나 다름없습니다. 앎에 대한 말이지만 다른 모든 능력에도 적용할 수 있는 말입니다. 모든 일은 있는 그대로가 아니라 보이는 대로 흘러갑니다. 그리고 어리석은 자들이 현명한 자들보다 겉모습에 더 집착합니다. 어리석은 자가 본질을 보려 해도 결국 속임수가 판을 쳐서 외양만 보고 평가를 내리게 되지요.

큰 까마귀, 작은 까마귀, 까치가 새들을 대변하러 나섰습니다. 다른 새들은 핑계가 있었습니다. 독수리는 무거워서, 불사조는 부재중이어서, 비둘기는 단순해서, 꿩은 포악해서, 백조는 한 번의 달콤한 노래를 위해 생각에 잠겨 있느라 말이 없었기 때문이었습니다.

새들은 장엄한 모습을 뽐내는 부의 궁전을 향해 날아갔습니다. 그곳에서 앵무새를 만났습니다. 앵무새는 발코니와 새장에서 시끄럽게 떠들었습니다. 앵무새는 새들이 궁금해하는 것에 대해 자신이 얼마나 많이 아는지 열심히 떠벌였습니다. 새들은 원숭이를 통해 공작새에게 편지를 전했습니다. 공작새는 새들의 방문에 무척 기뻐했으며 드디어 자신을 과시할 기회라고 여겼습니다. 공작새는 새들을 넓은 극장에서 맞이했습니다. 공작새는 태양 아래에서 자신의 빛나는 깃털을 펼치더니 빙글빙글 돌며 무대 위로 올라갔습니다.

하지만 공작새가 화려한 깃털을 자랑할수록 일은 나쁜 방향으로 흘러갔습니다. 아무리 훌륭한 능력도 상황에 따라 다르고 항상 필요한 건 아닙니다. 질투는 하르

피아*처럼 모든 것을 약탈하며 바실리스크**처럼 눈을 마주치면 상대가 죽을 수도 있습니다. 아름다움은 보통 마음을 사로잡기 마련이지만 공작새는 오히려 다른 새들의 분노를 샀습니다. 박수 대신 모욕이 터져 나왔고 다들 격노하여 말했습니다.

"이 정신 나간 미치광이 새! 새들을 대표해 당신을 만나러 오게 돼 아주 기쁩니다! 우리의 말을 듣고 나면 당신의 깃털은 풀이 죽고 그 오만함도 교정될 테죠! 당신의 과시가 견디기 힘들 정도라 모든 새가 반감을 품고 있다는 건 잘 알고 있을 거예요. 새들은 당신의 꼬리를 깃털 뭉텅이라고 부릅니다. 사실 그 말이 맞고요. 당신 말고는 그런 혐오스러운 깃털을 펼쳐 보이고 싶어 하는 새가 없습니다. 당신보다 더 멋지게 펼칠 수 있는데도 말이죠. 백로도 타조도 깃털을 뽐내지 않습니다. 불사조마저도 자신의 사파이어와 에메랄드를 자랑하

---

* 그리스 신화에 등장하는 여성의 얼굴을 가진 괴물새로 '약탈하는 여자'라는 뜻이 있다.

** 그리스 로마 신화에 등장하는 뱀의 모습을 한 상상의 동물로 시선이 마주친 사람들을 모두 죽인다는 이야기가 있다.

지 않아요. 불사조의 깃털은 그냥 깃털이 아니지요. 그래서 당신에게 불가피하게 명령합니다. 오늘부터 혼자 우쭐대지 마세요. 이 명령은 당신의 품위를 찾아 주기 위한 것입니다. 당신이 머리만 크고 꼬리는 빈약했다면, 꼬리의 아름다움을 뽐내고 싶을 때 자신의 가장 추한 모습을 보게 되겠지요. 과시는 언제나 저속하게 여겨졌습니다. 과시는 헛된 정신에서 탄생해 증오를 유발합니다. 신중한 자들은 과시를 절대 믿지 않습니다. 조심스러운 후퇴, 진중한 겸손, 신중한 행동만이 신뢰를 얻는 방법입니다. 자기 자신을 만족시키는 것만으로도 기쁨이 될 수 있어야 합니다. 신중한 이들은 거짓된 겉모습에 집착하지도 외면을 팔지도 않습니다. 진실만 있으면 스스로 충만해지며 다른 이들의 가짜 박수는 필요 없게 됩니다. 한마디로 당신은 부의 상징이지만 이를 드러내는 것은 신중하지 못하며 위험한 행동이라는 겁니다."

아름다운 공작새는 넋이 나간 채 깊은 당혹감을 느끼고는 이렇게 외쳤습니다.

"칭찬은 타인에게서만 얻을 수 있습니다! 그리고 실

망은 언제나 자신이 만들어 내는 것이지요! 나의 깃털에 새겨진 수많은 눈이 아름답기만 한데 내가 까치와 까마귀처럼 행동할 수 있을까요? 여러분은 내 아름다움이 아닌 과시를 비난하는 것이 맞나요? 하늘은 나에게 아름다움이라는 유리함을 선물했습니다. 아름다움 그 자체만으론 의미가 없습니다. 겉으로 드러나지 않는 진실이 무슨 소용인가요? 오늘날 정치가들의 최대 덕목은 드러낼 줄 아는 능력입니다. 아는 것과 아는 것을 드러낼 줄 아는 것은 두 가지의 앎입니다. 과시는 다른 사람이 봤을 땐 행운일지도 모릅니다. 과시 한 조각이 훌륭하지만 드러나지 않는 능력 열 조각보다 값집니다. 아무리 뛰어난들 보여 주지 않으면 그 능력을 어찌 활용하겠습니까? 태양이 밝디밝은 빛을 뿜내지 않고 떠오른다면, 장미가 봉오리에만 갇혀 그 선명한 향기를 내뿜지 못한다면, 기술이 부족해서 다이아몬드의 표면과 형태, 광택을 바꿀 수 없다면, 그래서 그 빛과 가치와 아름다움을 드러내지 못한다면 무슨 소용이겠습니까? 저는 날개 달린 태양이자 깃털로 된 장미이며 자연의 보석입니다. 하늘이 제게 완벽함을 하사했으니 이를 드러내야 마땅합니다. 만물의 조물주가 첫 번째로 한 일은 바로 보여 주는 것이었습니다. 먼저 빛을 만들고 그 빛으로 광채를 만들었습니다. 빛은 처음으로 박수를 받아 마땅했고 그 광채는 신성했습니다. 만물을 드러내는 것은 빛이기에 조물주는 빛을 과시하고 싶었습니다. 그렇기에 빛이 생긴 뒤 만물을 비추는 일도 빠르게 이루어졌습니다. 처음이라는 것만으로 매우 가치 있었지만 과시함으로써 기쁨은 극에 달했습니다."

그렇게 말하며 공작새는 자신의 품위를 보호하고 질투에 대항하듯 휘황찬란한 방패를 다시 펼쳐 들었습니다. 이때 질투가 분별력을 잃고 폭발했고, 모두가 악의에 차서 공작새에게 달려들었습니다. 그렇게 까마귀는 눈을, 다른 새들은 깃털을 공격했습니다. 아름다운 공작새는 궁지에 몰렸고 관용마저 잃어 갈 참이었습니다. 그 와중에 새들은 공작새의 목소리가 떨린다며 칠면조 같다고 비아냥댔습니다. 공작새는 평소처럼 아름다움을 뽐내거나 목소리를 높이는 것 말고는 별다른 방어 수단이 없었습니다. 공작새는 화가 단단히 난 목소리로 하늘과 땅에 도움을 청했습니다. 그러자 다른 새들이 그 목소리가 들리지 않도록 같이 소리를 질렀습니다. 커다란 소음이 하늘로 울려 퍼져 새들이 날아왔고, 땅으로도 울려 퍼져 짐승들이 달려왔습니다. 궁에 사는 곤충, 사자, 호랑이, 곰, 원숭이 두 마리가 동물들을 지키러 나왔습니다. 까마귀와 어치는 시끄러운 울음 소리를 냈습니다. 이 소리를 들은 늑대와 여우는 시체를 묻을 때 들리는 절규라고 생각해 들에서 달려왔습니다. 독수리도 약탈 부대를 잔뜩 끌고 왔습니다. 그때 사자가 나서서 모두 잠잠해졌습니다. 사자는 이런 논쟁이 생겼다는 걸 알게 돼 기쁘다고 말했습니다. 사자는 양쪽 모두를 보며 한쪽엔 겸손을 다른 한쪽엔 침묵을 지시했습니다. 각자의 주장을 듣던 사자는 질투가 얼마나 비이성적이고 모두가 얼마나 잘못된 몰두를 하고 있는지 알게 되었습니다. 사자는 싸움을 조정하기 위해 제삼자에게 판단을 맡기자고 제안했습니다. 그 제삼자는 바로 현명하고 객관적인 여우였습니다. 모두가 동의했고 여우의 영리한 중재에 따르기로 했습니다.

여우는 자신의 능력을 총동원해 모두를 만족시킬 묘안을 생각했습니다. 사자에게 아첨하고 독수리를 언

짧게 만들지 않는 동시에 공정한 판단을 내리고자 했지요. 또한 여우는 친구를 잃고 싶지 않았습니다. 그래서 아주 약삭빠르게 말했습니다.

"내면과 외면 중 무엇이 더 중요한가를 두고 벌이는 다툼은 도움이 됩니다. 속은 위대한데 겉은 빈약한 것이 있는가 하면, 속은 비었는데 겉만 번지르르한 것도 있습니다. 지나친 과시와 지나친 겸손 모두 추악한 괴물이 될 수 있습니다. 장식품, 가구, 수행원을 열심히 보완해서 물질적인 것이 다 충족되었다면, 고상한 판단력과 아름다운 의지와 같은 진정한 정신적 능력은 어떻게 충족할 수 있을까요? 능력을 뽐낼 차례가 오고 때가 되었을 때는 적절한 과시가 필요합니다. 기회를 잡아야 합니다. 그때가 바로 승리의 날이기 때문입니다. 작은 것을 크게 조명하고 큰 것은 존경을 얻을 정도로 드러내는 대범한 이들도 있습니다. 과시하는 능력이 탁월하다면 경탄을 자아냅니다. 반대로 능력은 탁월한데 드러낼 줄을 몰라 절반도 뽐내지 못하는 자도 있습니다. 얼마 전 전쟁에서 온 세상을 놀라게 한 위대한 인물이 있습니다. 그런데 그는 협상에 나서서는 두려움에 떨기만

했지요. 행동을 말로 드러내지 못한 것입니다. 타고나길 과시를 잘하는 민족도 있는데 스페인이 특히 훌륭합니다. 이렇게 과시는 영웅적인 능력을 진정으로 빛나게 해 주기에 마치 두 번째 생명을 부여하는 것과 같습니다. 하지만 과시는 실제로 믿을 만한 능력일 때에만 인정받을 수 있습니다. 타당한 업적이 없다면 저속한 속임수일 뿐입니다. 그럴 땐 결점만 더 두드러지며 박수가 아닌 끔찍한 무시를 받게 됩니다. 어떤 사람들은 무대에 나가 자신을 보여 주기 위해 서두릅니다. 하지만 한발 물러나는 순간 그의 무지만 남을 뿐입니다. 이런 행동은 능력이 아닌 결함을 어리석게 과시하는 꼴입니다. 자신의 광채가 퍼지기보다는 실패로 인한 비난을 받길 원하는 것이나 다름없습니다. 그 어떤 능력도 과장하여 드러내서는 안 됩니다. 과장은 곧 허영과 멸시를 부르는 노래이기 때문입니다. 아주 적절한 때에 매우 절제하여 과시해야 합니다. 특히 육신보다 정신의 절제가 더욱 필요합니다. 육신의 삶이 물질적이라면 정신의 삶은 도덕적입니다. 실수를 저질러도 절제로 덮을 수 있습니다. 때로는 침묵으로 더 많은 말을 할 수 있습니다. 무심코 드러나는 탁월함처럼 말입니다. 신중한 위장은 칭찬할 만한 과시입니다. 능력을 숨길 때 진정으로 그 능력이 알려집니다. 보이지 않을 때 호기심을 더 자극하기 때문이지요. 과시를 적절히 활용하면 효과는 더 커집니다. 그러기 위해서는 우선 자신의 탁월한 능력을 한 번에 드러내지 않아야 합니다. 은근히 드러내면서 상대가 눈치를 채게끔 전진해야 합니다. 하나의 능력은 더 뛰어난 능력을 불러옵니다. 훌륭한 능력으로 받은 박수에는 다른 능력에 대한 기대가 담겨 있습니다. 업적도 그렇습니다. 언제나 박수를 얻고 존경을 자아냅니다. 하지만 요지를 말씀드리자면 안타깝게도 공작새에게 아름다움을 선사하고 과시하지 말라는 것은 실현 불가능한 폭력입니다. 이는 섭리를 거스르는 일이기에 현명한 자연조차도 동의하지 않을 것입니다. 자연의 법칙에 맞선다면 규칙도 이성도 사라집니다. 교수대로 겁을 주더라도 결국 자연의 힘이 되돌려 놓을 것입니다. 대신 아주 쉽고 효과적이면서도 가장 현실적인 대책이 있습니다. 공작새에게 진지하고 엄중하게 명하는 것입니다. 공작새는 화려한 꼬리를 펼쳐 보일 때마다 자신의 추한 발을 봐야만 합니다. 깃털을 들어 올림과 동시에 눈은 아래로 내려가는 것입니다. 이렇게만 하면 공작새의 과시욕을 고칠 수 있습니다."

여우가 내놓은 대책에 모두가 박수를 보냈습니다. 모두 이 판결을 따랐고, 이번 일이 본보기로 삼을 만하기에 훌륭한 현자 이솝에게 이 일을 우화에 포함시켜 달라고 간청하기 위해 새 한 마리를 보내면서 재판은 마무리되었습니다.

14

감정에 휘둘리지 않는 사람

신중하고 위대한 사람은
자신을 성찰하며 현재의 상태를
인정합니다. 이것이 기분의
주인이 되는 과정입니다.

산 중의 왕은 올림포스입니다. 그 이유는 가장 높은 곳에서 꼿꼿하게 솟아 우월함을 드러내고 있기 때문이 아닙니다. 자신의 위용을 뽐내며 누구나 따라 하고 싶게 만들어서도 아닙니다. 태양의 빛이 처음 비추는 장엄한 후광의 중심이어서도 아니고, 행복의 정점이라 할 수 있는 작은 점들인 별로 뒤덮여 있기 때문도 아닙니다. 물론 신들의 산이라는 뜻의 이름으로 명성과 권력을 부여받았기 때문도 아니고요. 단지, 저급하고 낯선 감정에 사로잡히지 않기 때문이자, 자기 자신의 진정한 주인이 되었기 때문입니다. 바람이 올림포스의 발에 입을 맞추러 오고 구름이 올림포스의 베개가 되러 오지만 그 이상 올림포스를 흔들 수는 없습니다. 올림포스는 이런 일로는 절대 동요하지 않는데 이것이 바로 감정에 사로잡히지 않는 탁월함입니다.

위대한 능력을 지닌 사람은 기분과 감정의 기복에 사로잡히지 않습니다. 언제나 무절제한 욕망의 우위에 있지요. 신중하고 위대한 사람은 자신을 성찰하며 현재의 상태를 인정합니다. 이것이 기분의 주인이 되는 과정입니다. 자신을 지배하는 기분의 폭정에 쉽게 휘둘리는 사람들이 많습니다. 이는 흔히 관찰되는 저속한 정신이지요. 이런 사람들은 기분에 사로잡혀 옳지 않은 말과 행동을 일삼습니다. 어제는 반대했던 일을 오늘은 찬성하고 가끔은 이성에 기대기도 하지만 팽개치기도 하며 계속 갈팡질팡합니다. 이는 어리석음의 상징입니다.

이런 사람들은 이성이 없는 것과 같기 때문에 이성적으로 대해서는 안 됩니다. 이들은 하루아침에 전혀 다른 모습을 보이기도 하고, 스스로 모순돼 있기에 다른 모든 사람들에게도 모순을 저지릅니다. 그러니 그저 그들이 신중하지 않은 사람이라는 것을 받아들이고 혼란 속에 살도록 내버려 두는 편이 낫습니다. 그런 사람들은 노력할수록 일을 그르칩니다.

그들은 토성처럼 모순적인 말을 하다가도 목성처럼 모든 것을 용서하며 자신이 사는 달의 집에서 나가지 않습니다.[*] 이런 저급한 행동을 하면 의지만 상실하

[*] 고대 점성학에서 토성은 우울과 근심을, 목성은 관용을 상징한다. 또 스페인어로 달을 뜻하는 단어인 루나(Luna)는 변덕, 광기를 의미하기도 한다.

는 것이 아니라 판단력도 흐려집니다. 예방하지 않으면 욕구와 이해력은 물론이고 모든 감정을 어지럽힐 수 있습니다.

감정의 무절제를 막으려면 먼저 감정을 이해해야 합니다. 정확히 중간을 지키고 싶다면 무절제의 극단을 경험해 보는 것도 좋습니다.

우월한 능력을 갖춘 사람은 자신의 기분을 예측하고 수정합니다. 특히 불편한 감정이 들 때 그렇습니다. 우리는 불편한 감정 속에 현명함을 지녀야 합니다. 인간의 몸이 그 맛 때문이 아니라 병을 유발하기 때문에 당밀을 거부하는 것처럼 현명한 판단을 내려 결정해야 합니다. 이것이 바로 지배의 주체를 바꾸는 과정입니다.

극도로 무례한 사람들이 있습니다. 이들은 항상 특정한 기분에 사로잡혀 있고 언제나 감정이 격하며 상대를 대할 때 참을성이 없습니다. 그런 탓에 대화에 장애물을 만들고 온화함과는 척을 져서 그 어떤 일도 기분 좋게 달성하지 못합니다. 그런 사람들은 보통 좋은 것이라면 죄다 지적하며 어리석음을 대변하는 인물이 됩니다. 그들은 꼬박꼬박 이의를 제기하면서 다른 사람이 하는 말에 반대합니다. 들여다보면 단지 그 사람이 자기보다 잘났기 때문인 경우가 많죠. 상대가 바로 반론하지 않으면 그들은 이길지도 모릅니다. 이런 사람들은 상대가 예의를 지키기 위해 조심스럽게 양보하거나 심지어는 그들의 편을 들면 갑자기 상대의 반대편을 들어 결국 상대의 신중한 태도를 가로막아 버립니다. 이들이 진짜 미치광이들보다도 치료하기 어려운 사람들이라는 사실은 자명합니다. 미치광이들도 고집을 부리긴 하지만 기분에 휘둘리는 사람들의 고집이 더 심각하기 때문이에요. 이들에겐 이성이 없고 이성을 인정하지 않기에 이성이 통하지 않습니다.

국가 전체가 이런 어리석음에 빠져 극악무도한 군주를 경외하는 경우도 있습니다. 하지만 휘둘리지 않는 기질을 가진 사람은 그 기이한 상황 속에서도 신중함이라는 지름길로 무사히 탈출합니다.

심술궂은 두 사람이 만나 서로를 무례하게 대하며 다툴 때에도 신중한 사람은 지켜볼 뿐 상황에 개입하지 않습니다. 충분히 시간을 갖고 어떤 선택이 가장 이

득이 될지 생각하면서 신중함이라는 높은 경지에서 어리석은 사람들끼리 투우 경기를 하는 모습을 지켜보는 것이죠.

가끔 혼란스럽고 화가 날 수 있는데 이는 저속한 감정이 아닙니다. 절대로 화를 내지 않겠다는 건 곧 괴물이 되고 싶다는 뜻이기도 합니다. 하지만 자신의 감정을 모두에게 무절제하게 드러내는 건 참을 수 없이 무례한 행동입니다. 감정의 노예가 되어 느끼는 불쾌함은 악의 없는 행동이라고 할 수 없습니다. 자신을 성찰하는 능력이 없는 사람은 자신을 개선할 능력도 없습니다.

이런 사람들은 자가당착에 빠진 채 기회를 요구하며 일거리를 사냥하러 다닙니다. 또한 대화를 논쟁처럼 하고 집요하게 고집하며 욕심을 부립니다. 고상한 사람들로서는 참기 힘들 정도입니다. 그들의 행동으로 모두가 상처를 입고 그들의 말에 모두가 분노합니다. 감정에 지배당하는 것이 어리석다는 걸 아는 박식한 사람이 그 길로 들어 잘못된 현명함을 갖는다면 어떻게 될까요? 오만을 학습하다가 악행을 전공하고 결국 무례한 괴물이 되고 말 것입니다.

15

임기응변에 능한 사람

기민하게 행동하면

그 용기와 행운의 대단함으로

박수를 받을 수 있으며

성공이 빛을 봅니다.

옛날 옛적 제우스는 명중률이 아주 높은 무기인 번개를 가지고 있었습니다. 번개의 순간적인 힘이 매우 강력했던 덕에 위대한 승리를 거둘 수 있었죠. 제우스는 반역자들도 번개로 물리쳤습니다. 그의 이런 기민함은 행복의 근원이 되었습니다. 제우스의 번개를 조종한 건 독수리였습니다. 민첩함은 항상 높은 곳에서 나오기 때문이죠.

생각을 너무 많이 하는 사람이 있는가 하면 극도로 즉흥적인 사람도 있습니다. 즉흥적인 사람은 감탄을 자아내고 생각하는 사람은 만족을 줍니다.

어떤 현자는 '결과가 좋다면 서둘러도 좋다.'라고 했습니다. 우리는 일을 할 때 속도가 빠른지 느린지보다는 얼마나 완벽한지를 더 살핍니다. 완벽할 때 가치가 높아지기 때문입니다. 우연은 무시당하며 잊히지만 성공은 영원히 남습니다. 빠르게 만들어진 건 곧 흩어지고, 금세 만들어진 만큼 금세 사라집니다. 연약한 자식일수록 토성이 쉽게 삼켜 버리는 반면 영원히 지속될 일에는 영원만큼의 시간이 필요합니다.

성공은 존경을 얻고 임기응변은 박수를 받습니다.

기민하고 적절한 임기응변은 탁월함을 두 배로 빛내기 때문입니다. 생각이 너무 많아서 일을 그르치는 사람이 있는가 하면 미리 생각하지 않고도 항상 성공하는 사람이 있습니다. 활기찬 기량은 판단력의 깊이를 보완합니다. 이런 사람들은 듬직한 임기응변으로 하늘이 정한 운명도 피해 가기 때문에 갑작스러운 불행은 일어나지 않습니다.

기민한 사람들은 고상한 취향을 가진 자들을 기쁘게 합니다. 임기응변은 존경을 자아내는 주문이기 때문에 박수갈채를 받습니다. 준비된 우월함보다 예상치 못한 평범함에서 발견될 경우라면 더욱 그렇습니다. '시간과 내가 있다면 둘을 이길 수 있다.'라고 말한 이는 긴 말을 하지 않았지만 이는 '시간 제한이 없다면 누구든 이길 수 있다.'라는 말로도 해석할 수 있습니다. 그가 말하고자 하는 바는 다음과 같습니다.

"판단력, 천운, 적기, 성숙, 인내는 성공을 위한 담보이다. 하지만 임기응변은 기민함과 운명에만 기댈 뿐이다."

선견지명을 발휘하고, 신중하게 준비하고, 적당한

때를 살펴본 뒤라면 이미 행동하기엔 늦을 수도 있습니다. 기민하게 행동하면 그 용기와 행운의 대단함으로 박수를 받을 수 있으며 성공이 빛을 봅니다. 임기응변으로 얻은 성공이 심사숙고하다 야기된 실패보다 뛰어납니다.

어떤 사람들은 이런 성공이 단지 운이나 경이로운 혜안 때문일 것이라고 말합니다. 영웅들의 기지가 훌륭한 기술임을 부정하며 모든 게 자연과 행운 덕분이라고 말하죠. 상황을 얼른 알아채지 못하거나 여유롭게 생각하기 어려울 때는 전략을 세우기가 쉽지 않습니다. 자신에 대해 생각할 틈도 없는 곳에서는 고뇌를 다스리고 혼란을 제거하는 기지의 도움을 받을 수도 있지요. 이렇게 임기응변으로 난관을 극복한 사람은 와서, 보고, 이기는 것이 아니라 이기고, 보고, 오게 됩니다.[*]

가장 혼란스럽고 이성이 마비되는 상황에서는 자신의 활기를 시험할 수 있어야 합니다. 궁지에 몰렸을 때

[*] 율리우스 카이사르의 명언 '왔노라, 보았노라, 이겼노라.'를 인용했다.

용기가 샘솟고 난관은 혜안을 길러 줍니다. 분주할수록 많은 생각이 떠오르고 가장 위급한 순간에 박차를 가해 날아오르는 사람들이 있습니다. 위태로운 상황일수록 큰 성과를 내는 안티페리스타시스의 법칙*Antiperistasis* 으로 지성은 더 깊어지며 기량은 더 섬세해져 결국 신중함이라는 능력이 확대됩니다.

즉흥적일 때는 항상 성공하고, 생각을 거칠 때는 항상 실패하는 괴물도 있습니다. 어떤 이들은 지금 떠오르지 않는 건 다음에도 절대 떠오르지 않기 때문에 조언을 구하거나 다음을 기약하지 않는다고 말합니다. 하지만 즉흥적인 일을 많이 겪으면 아량 넓은 자연이 훌륭한 기지를 선물해 생각의 부재를 보완해 주기 때문에 우연한 일을 두려워하지 않게 됩니다.

훌륭한 기지란 당연히 칭송받을 만한 능력이고 무척 유용한 능력입니다. 단 한 번의 임기응변이라 할지라도 솔로몬의 위대함과 현명함을 입증하기에는 충분

---

* 극단적인 성질일수록 그 상반되는 성질을 더욱 강하게 한다는 법칙이다.

합니다. 솔로몬은 그에게 주어진 행운과 능력 이상으로 칭송받았습니다. 알렉산더 대왕과 카이사르도 기지가 뛰어나다는 명성을 얻을 자격이 있습니다. 알렉산더 대왕은 고르디우스의 매듭을 잘라 이름을 떨쳤고 카이사르는 넘어지면서 박수를 받았습니다.[**] 두 사람은 훌륭한 기지로 세계의 두 부분[***]을 가질 자격이 주어졌습니다. 세상을 다스릴 능력이 있는지 평가하는 시험을 치른 셈입니다.

말의 기민함이 박수를 얻어 낼 만한 능력이라면 인간의 기민함은 환호받을 만한 능력입니다. 적절한 임기응변은 훌륭한 행동으로 이어집니다. 생각은 섬세해지고 분별력은 더 높아지지요. 기지에 신중함과 판단력이 더해지면 더 존경받게 됩니다.

[**] 카이사르는 아프리카 대륙에 상륙할 때 발을 헛디뎌 넘어졌지만 아프리카가 자신의 것이 되었다고 소리쳐서 병사들이 환호했다.

[***] 당시에는 세계가 아프리카, 아메리카, 아시아, 유럽으로 나뉘어 있었는데 그중 알렉산더 대왕은 아시아를, 카이사르는 아프리카를 정복했다.

기지는 영웅적인 능력입니다. 기민한 사람은 영웅으로 대접받으며 신뢰를 얻습니다. 이런 사람들의 내면은 아주 깊고 능력 또한 그 깊이 못지않게 높은 수준입니다. 우리의 후원자인 이탈리아 노체라*Nochera*의 공작 프란체스코 마리아 카라파*Francesco Maria Carafa*와 같은 위대한 영웅에게 이미 여러 차례 존경과 박수를 보낸 바 있습니다. 운명이 그의 경이로운 능력과 업적을 방해했지만 치명적인 독약도 그의 시대를 더럽히진 못했습니다. 공작은 가장 절망스러운 상황에서 최고의 위엄을 보여 주었고 침착하게 사고하고 명확하게 실행했으며 여유롭게 진행했고 기민하게 성공했습니다. 다른 사람들이었다면 어깨가 움츠러들었을 일에 그는 손을 내밀었습니다. 그는 훌륭한 기량과 신중함을 동원해 주의 깊게 상황을 살폈고 그 무엇도 그의 눈을 비껴갈 순 없었습니다. 그의 정신에는 혼란이란 없었으며 행복은 사라졌지만 명성은 남았습니다.

장군이나 경쟁의 우승자에게 즉흥성은 최고의 장점입니다. 빠를수록 탁월하지요. 그들의 행동은 보통 갑작스럽고 민첩합니다. 가능성은 미리 학습할 수 없고 우연은 대비할 수 없습니다. 상황에 따라 행동해야 합니다. 정확한 민첩성은 승리를 쟁취하는 열쇠입니다.

하지만 왕은 숙고하는 사람입니다. 왕의 모든 행동은 영원히 남기 때문이지요. 다수를 위해 생각하되 신중함을 곁들여야 합니다. 이는 보편적인 올바름을 위한 행동입니다. 왕의 결정이 무르익기까지는 시간과 침대가 필요합니다. 무한한 밤을 보내며 신중하게 낮을 고민하다 보면 결국 손보다 머리를 활용하게 됩니다.

16

과장되게 행동하지 않는 사람

과한 행동을 하는 사람들은
개성을 핑계로
타인에게 고통을 주는
우를 범합니다.

철학자 디오게네스가 한낮에 등불을 들고 군중을 헤치며 거리를 활보하고 있었습니다. 현명한 사람들은 그를 주의 깊게 살폈고 어리석은 사람들은 웃음을 터뜨렸습니다. 사람들이 그에게 왜 등불을 들고 다니느냐고 물었습니다. 그리고 이어진 그의 대답에 모두가 놀라움을 금치 못했습니다.

"나는 인간을 찾고 있으나 만나지 못했소."

사람들은 반문했습니다.

"여기 있는 사람들은 인간이 아니란 말입니까?"

디오게네스가 답했습니다.

"인간의 모습을 하고 있으나 진정한 인간이 아니오."

박수받는 능력이 있는가 하면 주목받는 결함도 있습니다. 훌륭한 능력이 위대한 사람들의 호감을 산다면 눈에 띄는 결함은 모두의 비웃음을 삽니다. 단점이 너무 두드러지면 단점 자체는 물론이고 단점의 주인도 유명해집니다. 단점은 다 비슷하면서도 가지각색이라 하나로 특정할 수 없습니다.

과장된 행동은 조롱의 대상이 됩니다. 일부러 과하

게 행동하는 사람들은 다른 사람들과 뚜렷이 구분되는 탓에 언제나 특이한 존재가 됩니다. 이런 사람들은 보통 사람들처럼 입이 아닌 머리로 말하는 방법을 모릅니다. 그래서 목소리를 변조하고, 억양을 바꾸고, 엉뚱한 단어를 만들고, 우습기 짝이 없는 말버릇을 사용해서 어딜 가든 별난 사람이 됩니다. 특히 타인의 취향을 고려하지 않고 괴롭히기 때문에 보통의 사람들은 물론 어리석은 자들까지 분노하게 만듭니다.

과한 행동을 하는 사람들은 개성을 핑계로 타인에게 고통을 주는 우를 범합니다. 그들은 능력을 드러내기는커녕 가식적인 행위로 벌을 받게 됩니다. 어쩌면 호되게 비난을 당하고도 넥타르를 마시며 자축할지도 모르겠습니다. 이런 사람들은 최고의 관대함을 보여 주는 술을 두고도 변덕스럽게 단맛을 오가는 물을 암브로시아라 부르기도 하지요.[*] 그들은 관대하지 않으면 냉담한 것이라고 말합니다. 또한 자신들의 특이함을 뽐내

---

[*]   넥타르와 암브로시아는 그리스 신화에서 신들이 즐겨 먹었다는 음료와 음식이다.

기 위한 상황을 연출하려 하고 실제로 성공합니다. 하지만 그런 괴짜 같은 행동은 다른 사람들이 그리 좋아하지도 않을뿐더러 자신에게도 득이 되지 않습니다. 그저 특이한 존재로 남고, 사람들 눈에 무례한 인간으로 비칠 뿐이죠.

그들은 이런 식으로 언제나 과장되게 행동합니다. 그들의 기이함은 심지어 욕구와 취향마저 억누르며 자신을 속입니다. 맛이 좋은 건 이쪽인데 저쪽을 칭찬한다거나 썩은 포도주를 마시고는 이 특이한 맛의 든든한 지원군이라도 된 양 감정을 주체하지 못하고 이렇게 외치겠죠.

"오, 귀하디귀한 넥타르 같다! 향유와 알케르메스^{**}를 뛰어넘는 맛인데도 이토록 많기까지 하다니! 군주들만 즐기는 술이었다면 그들의 우상이 되었을 거야!"

그들이 저속한 결점을 드러내 보이는 순간에도 부끄러워하지 않는다는 사실은 이미 잘 알려져 있습니다. 가장 미천한 인간도 아닌 짐승 수준입니다. 이들은 인

**   이탈리아 술의 한 종류다.

간들 사이에서 숭고한 척하고 싶어 합니다.

영웅의 행동은 그 자체로 특별합니다. 위대한 업적보다 존경을 얻을 만한 일은 없습니다. 숭고한 영혼과 고상한 생각 속에 위대함이 있습니다. 비열함에 절대 굴복하지 않는 것만큼 고귀한 마음은 없습니다. 이것이 바로 평범한 인간이 아닌 영웅만이 지닌 성품입니다. 군주는 이와 같은 빛나는 능력과 성품을 지닌 채 살아야 합니다. 별이 푸른 하늘을 떠나 인간 틈에서 살기 위해 내려온다면, 우리와 다를 바 없는 삶을 살게 될 것입니다.

악취가 나는 버릇 때문에 호박의 향기가 가려진다면 무슨 소용일까요? 육신은 썩지 않게 만들 수 있지만 영혼은 불멸할 수 없습니다. 훌륭한 이름만큼 멀리 퍼지는 냄새는 없고, 명성만큼 아름다운 향기도 없습니다. 고상한 사람들이 풍기는 향은 아주 멀리서도 맡을 수 있지요. 그들은 그렇게 온 세상에 칭송의 흔적을 남기면서 영원히 향기를 퍼뜨립니다.

하지만 행동이 과한 사람은 신중한 사람들의 비난을 사기 때문에 증오스러운 존재로 여겨져 사람들이

다가가지 않습니다. 보통은 그런 사람이 되기 싫어하고 닮기조차 거부하기 때문에 그들을 별종 취급합니다. 그래서 현실적인 삶, 시류에의 적응, 진중함과 인간성의 총체인 훌륭한 아길라르*Aguilar*의 백작이자 우리의 두 번째 후원자인 후작 이노호사*Hinojosa*는 박수를 받아 마땅할 것입니다. 그는 모두와 잘 어울렸고 모두에게 사랑을 받았으며 심지어 적들마저도 그가 살아 있을 때 박수를 보냈고 그가 죽었을 땐 울부짖었습니다. 많이들, 특히 훌륭한 사람들이 그에 대해 이렇게 말했습니다.

"그는 과장하지 않고 위대한 사람이 되는 방법을 아는 자였다."

위대한 영웅에 걸맞은 찬사입니다.

과장하는 사람 중에서도 특이한 부류가 있는데 이들은 인간이라고 할 수도 없을 만큼 도를 넘습니다. 앞서 언급한 사람들이 화를 부른다면 지금 말하는 사람들은 우스꽝스럽습니다. 이들은 상황에 맞지 않는 옷을 입고 눈에 띄는 행동을 합니다. 또한 현실적인 것을 거부하며 반감을 드러냅니다. 과거의 방식을 택하는 자기 모습을 자랑스러워하고 낡은 것만 되풀이하지요. 스페인에는 프랑스인처럼 입는 사람들이 있고 프랑스에는 스페인인처럼 입는 사람들이 있습니다. 전쟁에 궁정의 옷을 입고 나가는 사람이 있는가 하면 궁정에 군복을 입고 나타나는 사람도 있지요. 그들은 이렇게 희극에 등장하는 농담 같은 행동을 하며 망나니를 자처합니다.

아이들에게조차 웃음거리가 되어서는 안 됩니다. 신중하고 판단력이 높은 사람들에게는 더욱 그렇습니다. 웃음을 주는 데 온 힘을 쏟거나 재미있는 소문을 만들기 위해 연구라도 하는 듯한 사람들이 많습니다. 우스꽝스러운 기발함을 보여 주지 못하는 날이 그들에게 아무것도 남지 않는 날일 테지요. 하지만 과하게 행동하지 않는데 조롱받을 이유가 있을까요? 결점은 다른 사람에게 빌미를 제공합니다. 즉, 어리석음은 비난의 동기가 됩니다.

몸에 걸친 옷이 하찮아서 웃음거리가 된다면, 내면, 즉 영혼이 하찮으면 어떨까요? 어떤 사람들은 잘못된 취향과 기량을 타고난 듯 보입니다. 그들 자신은 대세를 따르지 않는다며 이를 숨깁니다. 터무니없는 생각을 하고, 취향에 모순이 있고, 언제나 비정상적으로 행동합니다. 물론 가장 큰 과장은 이해력이 뛰어난 척하는 것입니다.

또 어떤 사람들은 종잡을 수 없을 정도로 근거가 없는 과장을 합니다. 과장은 정신 나간 망상에서 비롯되고 어리석음으로 둘러싸여 있습니다. 어떤 상황에서든 모두에게 진지한 척 행동하며 화를 돋우지만, 그들은 존경의 눈빛과 칭송의 말을 보내고 있다고 생각합니다. 국가 전체가 이런 분위기인 경우도 있습니다. 누구 하나라도 웃음을 참지 못한다면 모두 얼마나 우습겠습니까?

말은 신중하게, 실천은 품위 있게, 습관은 점잖게, 행동은 영웅답게 해야 합니다. 그래야 망상적인 허세에 빠진 인간이 아닌, 존경받을 만한 인물이 될 수 있습니다. 언제나 품위를 지키는 참된 진중함을 비난하는 것이 아닙니다. 진중한 사람은 존경의 꽃을 절대로 꺾지 않습니다. 자신의 깊은 곳에 있는 명성이라는 덮개로 잘 덮어 두죠. 공허한 개성만 넘치는 사람을 비난하려는 것입니다. 이런 사람은 쓸데없이 과장된 행동만 일삼거든요.

　행동이 과한 사람을 치료하고 인간으로 거듭나게
할 수 있는 효과적인 방법은 없을까요? 치료법은 분명
히 있습니다. 실패가 없는 치료법이죠. 바로 신중함이
라는 명약입니다. 이는 저급한 행동을 모두 고칠 수 있
습니다. 다만 특이함에는 특이함으로 대응해야 합니다.
이런 사람들에게는 똑같이 위장하고, 모순적이고, 비상
식적이고, 과장만 하는 사람을 보여 주어야 합니다. 결
점의 집합체인 그 사람을 거울삼아 자신을 돌아보고 반
성하도록 해야 합니다. 그래야 자신의 행동이 비웃음을
사고 분노를 일으킨다는 것을 깨달을 수 있습니다. 다
른 사람의 추하고 우스꽝스러우며 거짓된 모습을 봤을
때에야 비로소 그 속에서 자신을 보게 됩니다. 이 거울
을 보고 나면 과장된 행동을 모두 효과적으로 벗어 버
릴 수 있으며 자신에게서 도를 지나치려는 조금의 조
짐이나 최소한의 징후만 느껴져도 떨게 될 것입니다.

어떤 사람들은
종잡을 수 없을 정도로
근거가 없는 과장을 한다.
과장은 정신 나간
망상에서 비롯되고
어리석음으로
둘러싸여 있다.

17
·

정점에 도달하기 위해 애쓰는 사람*

아무리 위대한 일도
그 시작은 매우 미미하며
조금씩 완전함이라는
정점에 다가갑니다.

나　　페르시아 사람들은 아주 특이하게도 자식이 일곱 살이 될 때까지 보려 하지 않는다고 합니다. 부모로서 자식을 사랑하는 마음은 똑같이 크지만 평범한 유년기의 불완전함을 덮어 주거나 적어도 모른 척하기에는 역부족이었나 봅니다. 그들은 자식들이 사고 능력을 갖출 때까지는 자식으로 인정하지 않았습니다.

박사　부모가 무지한 어린 자식을 견디지 못하고 자신과 대화할 수 있는 훌륭한 이성을 갖출 때까지 7년을 기다린다면, 이해력 높은 사람은 어떻게 타인의 어리석음을 견딜 것이며, 교양 있는 가족을 얼마나 갈망하겠습니까?

나　　자연이 친절하다지만 그 산물들이 하루아침에 완벽함에 도달하도록 되어 있지는 않습니

---

*　마누엘 살리나스 이 리사나(Manuel Salinas y Lizana) 박사와의 대화. 마누엘 살리나스 이 리사나는 성 우에스카 교회의 참사회원이다.

161

다. 기술을 부지런히 갈고닦아야 하듯이 자연의 산물 역시 완성될 때까지 매일 정진해야 합니다.

박사   아무리 위대한 일도 그 시작은 매우 미미하며 조금씩 완전함이라는 정점에 다가갑니다. 순식간에 완성된 일은 그 가치가 작고 오래 지속되지도 않습니다. 빨리 핀 꽃은 금방 지지만 공들여 만든 다이아몬드는 영원히 남는 것과 같지요.

나   인간의 일도 그렇습니다. 갑자기 완성되는 것은 없어요. 훌륭한 판단력, 취향의 성숙, 완벽한 성과라는 정점에 도달할 때까지 타고난 것을 도덕적인 것으로 매일 갈고닦으며 다듬습니다.

박사   이는 삶의 모든 단계에서 볼 수 있는 현상입니다. 그래서 어떤 단계에서는 정말 알고 사고하는 것이 맞는지 검열하게 되기도 합니다. 그럴 때면 아직 어딘가 부족하다는 것을 알 수 있죠. 이런 사람들에게는 어느 정도 신중한 면모가 있습니다. 당장은 이해 능력이 시작 단계에 있는 사람도 곧 이해력을 갖추게 될 것입니다. 물론 모든 면에서 뛰어난 사람들도 있습니다. 그리고 이미 능력이 완전한 수준에 도달한 사람들도 있지요. 완전히 성숙한 인간이 되기 위해서는 이 수준까지 도달해야 합니다.

나　저는 그래서 좋은 술, 좋은 포도주일수록 더더욱 아직 완성되지 않았기 때문에 단맛 대신 거친 맛이 나며 그 부드러움이 아직은 굳어 있는 것이라고 말하고 싶습니다. 끓이기 시작하면 정화가 되고, 시간이 지나면서 본래의 거친 상태는 사라지지요. 불쾌한 단맛이 변화하면서 아주 부드러운 관용을 지니게 되고, 결국엔 기분 좋은 빛깔과 향기를 뿜냅니다. 정점에 이르러서는 인간의 양식이나 훌륭한 넥타르가 되고요. 그래서 저는 제우스가 불완전한 자식이 었던 디오니소스를 허벅지에 넣어 꿰매서 똑똑한 아테나를 위해 남겨 놓았던 이유를 이해 할 수 있습니다.

박사　이런 식으로 육체라는 깨지기 쉬운 그릇 속에 서 정신은 매일 완성되어 갑니다. 금세 정점 에 도달할 수 있는 것이 아닙니다. 모든 사람 이 처음에는 어린 시절의 불쾌한 단맛과 청년 기의 거친 모습을 지니고 있습니다. 이때는 쾌 락을 즐기는 나쁜 습관이 들고, 하찮은 문제에 애를 쏟고, 유치한 일과 경박한 직업에만 관심 을 갖습니다. 그런 경우는 거의 없지만 가끔 어떤 사람들은 빨리 성숙해지기도 합니다. 그 들은 무르익기엔 아직 적절한 때가 아니라는 것을 알고 있습니다. 그런 사람들은 의도했든 의도하지 않았든 다른 사람들에게 자신의 진 지함을 감추려 하는데 나이가 성숙하지 못한 탓에 주의력이 떨어져 곧 청년기의 고상하지 못한 행동으로 이어지고, 아직 완벽한 정점에 이르지 못했다는 것을 깨닫게 됩니다.

나　시간이 약입니다. 나이는 들고 경험은 쌓입니다.

박사　그런데 시간은 젊은 사람만을 고칠 수 있다는 엄청난 흠이 있습니다. 어느 정도 나이가 들면 이미 생각이 성숙하고 고상해지며 취향은 훌륭하고 기량은 맑아지고 판단력은 무르익으며 의지는 정화합니다. 결국 완성된 인간, 즉 정점에 이른 인간은 행복하며, 훌륭한 사람들 사이에서 탐나는 존재가 됩니다. 그의 조언을 들으면 기운이 나고 활기를 띠게 됩니다. 그의 말은 사람들을 즐겁게 합니다. 그에게서는 아주 맑은 관용의 향기가 풍깁니다.

나　하지만 성숙해지기 전에는 모든 게 얼마나 떫고 이해력은 얼마나 거칠고 관계는 얼마나 시며 행동은 얼마나 불안합니까!

박사　이미 성숙하고 신중한 사람이 필요나 이익에 의해 미성숙하고 완성되지 않은 사람에게 적응해야 한다는 건 또 얼마나 폭풍과도 같은 일인지요! 이처럼 극도의 이해심을 발휘해야 하는 일은 살아 있는 사람의 손과 입을 묶어 죽음에 이르게 하는 영혼의 고문입니다. 팔라리스의 황소*와 비등하거나 그보다 더 심한 고통을 준다고 할 수 있습니다.

나　시간이 지나면 과거의 불완전함을 깨닫고 신중해집니다. 아는 것이 많아질수록 자신의 무지와 경솔함을 인정하게 됩니다. 자신의 천한 취향을 비난하고 진지해진 모습으로 자신의 경박함을 비웃게 되죠. 그리고 마침내 신중하

* 시칠리아의 폭군 팔라리스의 지시로 아테네의 유명한 과학자이자 조각가 페릴라우스가 만든 화형 기구다. 놋쇠로 된 황소 모양을 하고 있어 '팔라리스의 황소'라 불렸다. 이 기구에 의해 맨처음 처형을 당한 사람은 페릴라우스였으며, 이후 팔라리스도 반란죄로 이 기구에서 처형당했다.

게 성찰하며 감정에 사로잡혔던 지난 실패를 비판합니다. 자신의 불완전함을 보는 것이죠.

박사   문제는 어떤 사람들은 완전한 수준에 도달하기는커녕 절대로 평범한 인간조차 될 수 없다는 것입니다.

나   그런 사람들은 분명 어딘가 부족합니다. 취향이 저급한 것이라면 아주 나쁘며, 판단력이 낮은 것이라면 최악입니다.

박사   하지만 그들이 무언가 부족하다는 걸 알아차리더라도 정확히 어떤 부분인지 정의 내리지는 못합니다.

나   또 인간이 완성되어 가는 과정에서 시간이 매우 불공평하게 흘러가는 경우도 자주 보았습니다.

박사   시간은 어떤 사람들에겐 쏜살같고 또 다른 사람들에겐 절뚝거리며 흘러갑니다. 한쪽은 날개를 사용하고 다른 한쪽은 목발을 짚습니다. 또 무슨 일을 하든 너무 빨리 완벽에 도달하는 사람들이 있습니다. 반면 어떤 사람들은 임무를 지연시켜 많은 이들에게 피해를 주죠. 인간은 신중함이라는 능력뿐만 아니라 각자의 상태와 직업의 특징에 의해서도 만들어집니다.

나   그렇게 군주가 탄생하는 걸까요?

박사   네, 완성된 채 태어나는 군주는 없습니다. 군주가 되는 것은 신중함과 경험이 필요한 위대한 과정입니다. 그런 위대한 완성을 이루려면 수천 가지에 달하는 탁월한 능력이 필요합니다. 장군은 자신과 적군의 피의 대가로 탄생합니다. 설교자는 충분한 연구와 실천으로 탄생합니다. 심지어 의사는 환자 한 명을 병상에서 일으키기 위해 100명을 무덤으로 보내야 합니다.

모든 것은 정점에 이르기 위한 과정입니다.

나   질문이 있습니다. 그들이 도달한 정점이란 정해진 것일까요?

박사   정해져 있지 않기에 어렵습니다. 저 달에는 고정된 별이 없기 때문에 행복이 없습니다. 모든 것에는 고정된 상태란 없으며 끊임없는 변화만 있습니다. 성장하든 퇴보하든 항상 변화를 거듭하며 길을 벗어납니다.

나   정신이 자연의 법칙을 따르는 것이라면 나이가 들면서 기억력과 이해력도 쇠퇴할까요?

박사   그렇습니다. 하지만 그렇기에 성숙해질 수 있고 때에 맞게 상황을 즐길 줄 알게 됩니다. 훌륭한 사람들이라면 더욱 그렇습니다.

나   완벽과 정점에 도달하기 위해선 꼭 필요한 과정이군요.

박사   헤파이스토스는 망치질을 하고 나면 영감이
      떠올랐다고 합니다. 문화는 자연이 내려준 은
      혜 위에 자리를 잡습니다. 즉, 현인들을 계속
      해서 탐구하고 만나야 합니다. 책을 통해 죽은
      현인들과 만나고 살아 있는 현인들과 대화를
      나누어야 합니다. 충분한 경험, 신중한 관찰,
      타고난 능력의 활용, 직업의 다양성과 같은 것
      들이 성숙한 인간, 즉 완성된 완전한 인간을
      빚어 냅니다. 완전한 인간은 자신의 판단력이
      옳고 자신의 취향이 성숙하다는 것을 알고 있
      습니다. 항상 주의 깊게 말하며 천천히 행동합
      니다. 말은 현명하게 행동은 신중하게 하며 이
      모든 것이 완벽함의 중심입니다.

나   어떤 말도 정점에 도달한 인간을 칭송하기에
      는 충분하지 않다고 말하고 싶네요.

성숙해지기 전에는
모든 게 얼마나 떫고
이해력은 얼마나 거칠고
관계는 얼마나 시며
행동은 얼마나
불안한가!

18

당신이 있으면 작은 것도
커 보이고
당신이 없으면 큰 것도
아무것도 아닌 것이 됩니다.

단정한 사람

당신의 아버지는 자연의 케이론*이라 할 수 있는 '기술'이었습니다. 모든 것에서 완벽하도록 기술을 갈고닦아 당신이 태어났지요. 당신이 없었다면 위대한 행동을 달성할 수 없었고, 최고의 업적 또한 빛을 잃었을 것입니다. 창의적이거나 생각이 깊은 놀라운 기량을 가진 사람들을 본 적은 있지만 그들은 단정치 못해서 박수보단 무시를 받는 편이었습니다.

진중함과 박식함이 돋보였던 설교도 당신의 도움이 없었기에 할 수 없었습니다. 권위 있는 자의 주장도 당신이 단장해 주지 않아 안타까운 처지에 놓였습니다. 지식이 가득한 책도 당신이 꾸며 주지 않으니 지루하기만 했지요. 결국 가장 진귀한 발명, 가장 정확한 선택, 가장 깊은 학식, 가장 달콤한 언변도 당신, 즉 '교양'이 없어서 거센 비판을 받고 세상에서 잊히는 벌을 받고 말았습니다.

반대로 엄밀히 말하면 영리하지도 생각이 깊지도

---

* 그리스 신화에 등장하는 반인반수 종족인 켄타우로스족의 하나로 영웅들을 키워 낸 스승이었다.

않아 탁월함은 인정받지 못했지만 교양이 있다는 이유로 박수를 받는 경우도 보았습니다. 교양의 훌륭함은 널리 퍼지기 때문에 어떤 능력에도 적용되는 현상입니다. 추악함을 세련되게 단장해 아름다움을 이기는 경우도 여럿 있었고, 아름다움이 부주의한 행동 때문에 패배하는 경우도 여럿 보았습니다. 완벽함은 자기 자신을 믿었지만 타인의 신뢰를 얻는 쪽이 항상 이겼습니다. 화려할수록 단정치 못할 때 빛이 더 흐려집니다. 그 화려함은 결국 자신이 단정하지 않음을 알리는 것이었기 때문입니다. 당신이 있으면 작은 것도 커 보이고 당신이 없으면 큰 것도 아무것도 아닌 것이 됩니다.

당신의 어머니는 '철저한 준비'였습니다. 철저한 준비는 모든 것의 기반이었고 모든 것을 성공할 수 있게 해 주었습니다. 단정함은 모든 것이 제자리에 있다는 뜻입니다. 그 중심에서 벗어나면 선천적인 능력은 상처를 입게 되고 성공을 만들 수 없게 됩니다. 어떤 별은 영광의 집에 살며 다른 별은 불행의 집에 삽니다. 머무는 장소에 따라 광채도 달라지지요. 무질서는 혼란을 낳고 분노를 일으킵니다. 단정하지 못한 것은 극도로 거칠고

과한 무질서의 총체라 훌륭한 취향을 가진 사람들은 싫
증을 느낍니다. 잘 정리된 모습은 어수선하지 않고 조
화롭기 때문에 더 큰 즐거움을 줍니다.

훌륭한 선택을 했더라도 단정함을 갖추지 못하고
야만적인 행동을 해서 성공을 거두지 못한다면 슬프게
도 좌절을 맛볼 것입니다. 뛰어난 탁월함으로 인정받
을 만한 사람이 천박한 미개함으로 이 능력을 잃는다
면 매우 안타까운 일입니다. 위대한 판단력, 명민한 사
고, 넓은 견문, 풍부한 학식을 갖췄더라도 투박하고 정
돈되지 않아서 성숙하지 못한다면 모두 아무 소용 없
을 것입니다.

신성함도 단정해야 합니다. 종교의 우아함과 결합
할 때 신성함은 두 배가 됩니다. 위대한 발렌시아의 대
주교 후안 데 리베라*Juan de Ribera*는 신성함과 우아함을
탁월하게 합치는 방법을 깨달았습니다. 어찌나 단정하
고 거룩했는지 그의 신앙심과 교양은 불멸로 남았지요.
호화롭고 성스러운 그의 학교에는 학식이 높고 본보기
가 될 만한 성직자들과 수도원장들이 있었습니다. 이들
과 함께 의식을 행하고, 교회를 풍부하게 장식하고, 목

소리를 조화롭게 울리고, 신앙심을 담아 기도하면서 모든 것을 단장했습니다.

신성함은 투박하다고 승리하지도 해박하다고 패배하지도 않습니다. 대주교 알론소 페레스 데 구스만 *Alonso Pérez de Guzmán*을 보면 예를 갖춘 신성함과 신성함을 갖춘 예를 확인할 수 있습니다. 미덕과 신중함은 상반된 개념이 아닙니다. 또한 성직자들의 위대한 거울이었던 교양 있는 성인이자 학자, 푸에블라 데 로스 앙헬레스 *Puebla de los Ángeles*의 주교 후안 데 팔라폭스 *Juan de Palafox* 또한 같은 찬사를 받았습니다. 그는 능력이 특별히 빛났을 뿐 아니라 처음으로 신탁을 받은 자이기도 했습니다. 그렇기에 오늘날 신성함은 교양 있는 가치이며 완전함은 단정한 가치라고 여겨지고 칭송받는 것입니다.

지성뿐 아니라 의지 또한 단정해야 합니다. 이 두 탁월한 능력을 교양 있게 활용할 필요가 있습니다. 지성을 단정하게 다듬었는데 의지가 야만적이거나 거칠어질 수 있을까요?

당신의 형제는 '명석', '고상한 취향', '품위'입니다.

그들은 외면에 걸친 옷뿐만 아니라 내면에 입은 옷까지 모든 것을 아름답고 성숙하게 만들었습니다. 이것이야말로 인간이 진정으로 자신을 꾸미는 능력이지요.

하지만 세상에 널려 있는 야만은 얼마나 천박하고 단정치 못한지 모릅니다. 품위 있는 그리스는 세계를 통치하게 되자마자 정돈을 시작했습니다. 건물의 재료는 물론 시민들의 모습까지 도시를 품격 있게 만들었죠. 그리스가 보기에 다른 국가들은 야만적이었고 이 생각은 틀리지 않았습니다. 그리스인들은 신전과 궁전을 장식하기 위한 건축의 세 가지 규칙과 명문 학교를 짓기 위한 기술도 발전시켰습니다. 그리스인들은 교양 있고 단정했기 때문에 인간으로 거듭나는 방법을 알았던 것입니다.

한편 로마인들에게는 패기와 힘이 있었습니다. 로마인들은 제국을 팽창시키기 시작하면서 로마의 문화를 세계에 퍼뜨렸습니다. 이들은 처음에 그리스의 문화를 모방하다가 결국엔 이를 뛰어넘기에 이르렀죠. 그렇게 로마 제국 전역에서 야만을 추방했고 모든 방법을 동원해 교양과 단정함을 갖추려 했죠. 그런 위대한 문화의 흔적이 남아 있는 건물들도 있습니다. 그래서 보통 좋은 것을 보면 로마 작품이라는 칭찬을 합니다. 이렇게 단정함을 갖추려 했던 노력은 조각상에서도 엿볼 수 있습니다. 로마의 예술가들은 보기 드문 실력을 갖추고 있었기 때문에 조각상의 주인공이 된 영웅들은 불멸의 명성을 떨치게 되었습니다. 또한 로마인들은 화폐와 도장도 세련되게 만들었고 엉성한 법이 없어 호기심을 유발했죠.

우리의 훌륭한 친구인 교양 있고 박식한 빈센시오 후안 데 라스타노사의 유명한 박물관과 근사한 극장에서는 그리스와 로마의 문화가 담긴 조각상, 석재, 인장이 달린 반지, 동전, 그릇, 항아리, 금속판, 보석을 볼 수 있습니다. 여기서 우리는 로마가 떨쳤던 영광스러운 명예와 아라곤이 보여 준 탁월한 기량을 확인할 수 있습니다. 궁금증을 한번에 해결하고 싶다면 이 박물관에 자주 들르면 될 것입니다. 고대의 풍성하고 귀한 지식을 칭송하고 싶은 사람이라면 잘 알려지지 않은 스페인의 동전을 새기러 가면 됩니다. 이는 사람들이 흔히 하지 않는 일이기 때문에 훌륭하다고 할 수 있습니다.

로마의 훌륭한 작가들이 펴낸 불멸의 작품들 속에서는 로마 문화와 품위의 경지를 확인할 수 있습니다. 그 작품들에는 작가들의 탁월한 기량과 대담함이 빛납니다. 작가들은 앞다투어 훌륭한 기개와 재능을 뽐냈습니다.

이렇게 과거의 품위를 물려받은 도시들이 있습니다. 그중 이탈리아가 제국의 중심으로서 고상함을 가장 잘 지키고 있지요. 이탈리아의 모든 도시는 정치적으로도 경제적으로도 단정합니다. 스페인에서는 도시보다는 사람에 대한 관심이 더 큽니다. 조금이라도 야만성을 보이면 명예가 실추될 수 있습니다. 프랑스에서 단정함은 매우 중요한 가치이며 곧 기품을 뜻합니다. 그들은 예술을 높이 평가하고 글을 우러러봅니다.

관대함, 예절, 신중함은 이제 정점에 이르렀습니다. 고귀한 사람들은 독서를 많이 하고 지식이 많으며 이를 뽐냅니다. 많이 아는 것보다 더 교양 있는 능력은 없기 때문입니다. 세상엔 훌륭한 사람이 많지만 오늘날 가장 빛나는 사람은 바로 산 에스테반 데 톨로사*San Esteban de Tolosa* 교회의 성직자이자 주무자인 프란시스코 필올

*Francisco Filhol*입니다. 그의 두 도서관 중 하나는 자신의 작품으로, 다른 하나는 타인의 작품으로 채워져 있는데 그 작품들을 보면 그가 기량과 취향 모두 뛰어난 사람이었음을 알 수 있습니다.

당신의 자식은 '유쾌함'과 '유용함'입니다. 정원이 있다면 식물과 꽃을 잘 고른 뒤에 이 두 가지 역량을 적절하게 갖추는 것이 가장 기쁜 일일 것입니다. 영혼의 정원에서 교양 있게 다듬어진 말의 향기와 관대한 행동의 가치를 가늠할 수 있을까요?

천성이 단정한 사람들을 만나야 합니다. 그런 사람들에겐 단정이 힘든 일이 아닌 힘이 나는 일입니다. 그들은 자기 주변의 그 어떤 무질서도 용납하지 않습니다. 그들은 내면과 외면 모두 우아하게 타고났습니다. 이런 사람들은 흐트러진 상태를 참지 못하는 마음을 가졌습니다. 알렉산더 대왕은 군대에서도 교양을 추구했습니다. 쿠르티우스*Curtius**는 알렉산더 대왕의 군대가 방탕한 군인들의 행렬이 아닌 단정한 신사들의 질서처

---

* 로마 제국의 역사가로 알렉산더 대왕의 전기를 집필했다.

럼 보였다고 합니다. 자신의 마음을 너무 방치해서 주의력이나 기술을 들일 여유가 전혀 없는 사람들도 있습니다. 그런데도 조바심이 없다면 조잡하고 야만적인 모습을 보이게 됩니다.

단정하게 준비한다는 건 많은 의미를 품고 있습니다. 자격이 있어야 가능하기 때문입니다. 도요토미 히데요시는 처음에 불을 내는 데 이 능력을 썼지만(매우 천하고 저속한 행동입니다) 나중에는 이것이 기회가 돼 결국 일본의 최고 권력자가 되었습니다. 일개 노예에서 모두의 주인이 된 것입니다. 자신의 손으로 깎은 깨끗한 통나무가 왕위가 되어 돌아온 셈입니다.

당신이 사람들을 교양 있게 만들지 않는다면 교양이라는 가치가 사람들 사이에서 빛날 수 있을까요? 이는 삼미신**이 일러준 말입니다. 삼미신은 모든 말은 품위 있고, 용감하고, 관대하고, 예의 바르며, 후광이 비치고, 현실적이며, 박식하고, 무엇보다 신중한 오로페

**   그리스 신화에서 사랑의 여신 비너스와 동행하며 사랑의 원리를 설명하는 세 명의 신으로, 각각 빛남, 기쁨, 꽃의 만발을 의미한다.

사*Oropesa*의 백작 두아르테 페르난도 알바레스 데 톨레도*Duarte Fernando Álvarez de Toledo*의 말을 빌려 왔다고 전하고 있습니다.

위대한 판단력, 명민한 사고,
넓은 견문, 풍부한 학식을
갖췄더라도
투박하고 정돈되지 않아서
성숙하지 못한다면
모두 아무 소용
없을 것이다.

19

훌륭한 사람은 이 모든 것을
눈치 채고, 꿰뚫고, 깨닫고,
손에 넣고, 이해하며 자신만의
기준으로 상황을 정의합니다.

통찰력 있는 사람

모모스*가 인간의 마음이 보이는 창을 갖고 싶어 했던 건 굉장히 저속한 생각입니다. 비난하는 것이 아니라 분별력이 없었음을 지적하는 것입니다. 실제로 마음을 꿰뚫는 사람들이 있습니다. 이런 사람들이 다른 사람의 내면을 볼 땐 그런 건 필요하지도 필수적이지도 않다는 걸 모모스에게 말해 주고 싶습니다. 마음의 망원경을 가진 사람들에게 마음이 보이는 투명한 창은 쓸모가 없습니다. 훌륭한 언변이 타인의 마음을 여는 만능열쇠니까요.

　　통찰력과 판단력이 있는 사람(매우 드문 만큼 특별합니다)은 모든 사물과 인간의 주인이 됩니다. 그들은 집중할 땐 아르고스**가 되고 추론할 땐 살쾡이가 됩니다.

　　그들은 아주 깊은 바닥을 주의 깊게 조사하고, 여러 겹의 가식을 품은 마음을 신중하게 들여다보며, 모든 능력이 확대될 수 있는 범위를 현명하게 측정

---

*　　그리스 신화에 등장하는 불평과 비난의 신이다.

**　　그리스 신화에 등장하는 거인으로, 언제나 깨어 있어서 사방을 감시한다.

합니다.

어리석은 자들이 신성한 침묵을 이용한대도, 위선자들이 회칠한 무덤*을 이용한대도 소용이 없습니다. 훌륭한 사람은 이 모든 것들을 눈치 채고, 꿰뚫고, 깨닫고, 손에 넣고, 이해하며 자신만의 기준으로 상황을 정의합니다.

위대한 인간은 모두 통찰력이 뛰어났고 통찰력이 뛰어난 사람은 모두 위대했습니다. 현명한 사람이 지닌 탁월한 능력은 숭고한 정신의 절정입니다. 지식이 풍부한 것도 좋지만 지식만으로는 충분치 않습니다. 통찰력이 필요합니다. 먼저 자기 자신을 비판할 줄 아는 훌륭한 능력이 필요하고 이를 각 상황에 적용해야 합니다. 또한 사물을 평가하고 인간의 능력을 구분해야 합니다. 위대한 인간은 함부로 감탄하거나 함부로 깔보지 않습니다. 그저 자신의 평가를 이야기할 뿐이죠.

위대한 사람은 진실과 보여지는 것을 구분합니다.

---

* 회칠한 무덤은 성경에서 겉으로는 아름다우나 안에는 죽은 사람의 뼈와 더러운 것이 가득한 곳으로 위선을 상징한다.

탁월함을 발휘해 사물의 주인이 되어야 하며 그냥 사물이 주인이 되어서는 안 됩니다. 이해와 욕구도 마찬가지입니다. 사물의 속을 꿰뚫어 보는 이해력을 지닌 사람들이 있습니다. 이들은 얕은 표면에 머물지 않습니다. 겉모습으로 만족해하지 않으며 빛나는 것에 무작정 빠져들지도 않지요. 또한 진실과 거짓을 구분하기 위해 훌륭한 비판 능력을 사용합니다.

훌륭한 사람들은 의도와 목적을 올바로 해독해 항상 현명한 판독에 이릅니다. 이런 사람들을 속임수로 이기는 경우는 극히 드물며 무지한 사람이라면 이들을 뛰어넘기는 더욱 힘듭니다.

이런 탁월함을 지녔던 타키투스*Tacitus*는 저명한 사람들 사이에서 박수받았고 세네카*Seneca*는 평범한 사람들 사이에서 존경받았습니다.** 이는 저속함과 가장 반대되는 능력이라고 할 수 있습니다. 이 능력만으로도 신중한 인간이라는 신뢰를 쌓기에 충분합니다. 항상 악

** 타키투스는 고대 로마의 역사가, 세네카는 고대 로마의 철학자이자 정치가였다.

의를 품고 있고 판단력이 떨어지는 천박한 사람은 말하는 것마다 성공하지 못하며 진실과 거짓을 거의 구분하지 못합니다. 그는 무지하며 저급한 실수를 쉽게 저지릅니다. 또한 이런 사람은 겉모습만 물고 늘어집니다. 거짓말을 역겹게 여기지도 않기 때문에 겉으로 보이는 모든 것을 마시고 먹어 치워 버리죠.

가치와 능력을 알아보고 찾아내는 사람을 실제로 만난다면 어떨까요! 그들은 어떻게 한 인간을 꿰뚫어 볼 수 있게 되었을까요! 현명한 두 사람이 상대의 능력을 쟁취하기 위해 주의력과 관찰력이라는 똑같은 무기를 들고 서로 덤벼든다면 과연 어떻게 될까요! 어떤 능력으로 서로를 공격하고, 또 얼마나 정확하게 가격할까요! 또한 얼마나 이성에 집중하고, 얼마나 고심해서 말할까요! 그들은 아마 서로의 영혼을 들여다보고, 감정을 파악하고, 신중하게 생각할 것입니다. 운 좋게 명중한 한두 번의 공격에는 만족하지 않을 테지요. 기억에 남을 만한 멋진 말을 한두 마디 뱉었더라도 흡족해하지 않을 거고요.

훌륭한 사람들은 영혼을 해부하고, 능력을 시험하

고, 생각과 감정을 검사하고, 심사숙고합니다. 두 사람의 탁월함은 더욱 우월한 하나의 능력으로 통합될 것입니다. 이보다 더 먹잇감을 빠르게 따라가는 매도 없고, 이보다 더 눈이 많이 달린 아르고스도 없습니다. 그들은 다른 사람의 의도에 주의를 기울이며 내장까지 해부하고 나서야 본질 그대로 상대를 정의합니다.

위대한 자들은 우정이 아니고서야 자신의 감정을 솔직하게 드러내지 않기 때문에 이런 사람을 만나고 그들의 마음을 얻는 것은 매우 큰 즐거움입니다. 빨리 꿰뚫는 사람들은 말을 할 때도 조심스럽습니다. 그들은 소수와 함께 생각하고 다수와 함께 말하는 위대한 전략을 활용합니다. 하지만 단단한 우정과 든든한 신뢰가 쌓인 뒤 그들이 생각을 털어놓을 때는 굉장한 가르침과 빛나는 능력을 느낄 수 있죠! 이들은 모든 일을 분류하고, 모든 행동에 생기를 불어넣고, 모든 말을 평가하고, 모든 행동의 가치를 헤아리며, 모든 시도에 진심을 더합니다. 훌륭한 사람들의 경이로운 주의력, 깊은 관찰력, 섬세한 감각, 현명한 비판, 과감한 생각, 신중한 사고의 수준은 이미 경이롭습니다. 이런 사람들은 많이 깨닫고 조금 잊습니다.

아주 뛰어난 사람일지라도 높은 판단력을 가진 사람의 비판 앞에서는 두려움에 떨며 자기만족을 내려놓게 됩니다. 그의 정확한 판단이 얼마나 엄격한지 알기 때문이지요. 훌륭한 사람의 판단력은 정교하게 빚은 도자기와 같습니다. 그가 인정한 능력은 어디서든 통하며 어디서든 빛납니다. 그런 능력은 아주 높은 평가를 받고, 평범한 사람들이 받는 모든 칭송보다 더 큰 칭찬을 받습니다. 다만 도가 지나치면 위험해질 수도 있습니다. 박수를 너무 많이 받아 소음이 커지면 처음의 좋은 평가를 유지하기 어렵습니다. 평범한 사람들의 우상은 그렇게 나락에 빠지게 되지요. 본질적인 완벽을 기반으로 하지 않았기 때문입니다. 대담한 판사들의 인정은 평범한 한 사람의 환호보다 더 값진 법입니다. 플라톤이 아리스토텔레스 자체가 자신의 학파라고 말하고 안티고노스가 자신의 명예를 제논에게 모두 돌린 것도 그런 이유입니다.[*]

[*] 안티고노스는 스토아학파의 창시자인 제논의 제자였다.

완벽한 능력을 얻기 위해서는 다른 많은 능력이 필요하거나 전제가 되어야 합니다. 이해력, 지식, 섬세함, 깊이 등이죠. 그리고 이런 능력들을 갖췄다면 보다 정확하고 완벽한 능력을 만들기 위해 가벼운 믿음, 터무니없는 생각, 변덕스러운 사고는 배척해야 합니다.

하지만 유념해야 할 것이 있습니다. 비판은 비난과는 다르다는 사실입니다. 비판은 감정을 배제한 것이고 비난은 성급한 의심입니다. 완벽한 비판은 냉정하게 공정한 판단을 내린 뒤 좋은 것은 칭찬하고 나쁜 것은 규탄하는 것입니다. 즉, 신중한 사람은 사악한 자가 아닌 현명한 자입니다. 무조건적인 비난으로 불쾌감을 유발하지도 않고 현학적인 태도로 맹목적인 박수를 보내지도 않습니다. 항상 나쁜 면을 찾아내는 사람들이 있습니다. 이런 사람들은 심지어 좋은 것에서도 나쁜 점을 발견합니다. 이들은 독사를 잉태하고 낳다가 파멸하듯이 본인의 잔혹함에 대한 형벌을 받게 될 것입니다. 모모스도 저속한 성격을 가진 탓에 부패한 것에만 몰두했습니다. 반대로 카토는 공평함을 무척 좋아했죠.

이해력이 높은 사람들은 진실을 알려주는 현명한

예언자이자 감정에 휩쓸리지 않는 훌륭한 심판자라는 것 외에 또 다른 특징이 있습니다. 그들은 신중한 사람이 아니면 사귀지 않습니다. 악행이나 무지를 믿을 수 없기 때문입니다. 그들에게 악행은 거짓이며 무지는 무능력입니다. 탁월한 사람 둘이 만나 감정, 비판, 생각, 지식을 나눌 때는 그 순간을 정확하게 돌로 표시하고* 영감, 감사, 미네르바에 집중해야 합니다.

신중함이라는 능력은 사색의 특성도 있지만 지도자들에게는 꼭 갖춰야 할 현실적인 역량이기도 합니다. 직업에 맞는 재능을 발견하고, 적절한 분배를 위해 능력을 관찰하고, 각각의 업무 역량을 측정하고, 상을 주기 위해 공로를 검토하고, 기질과 기량을 조사해야 하기 때문입니다. 일부는 멀리서 일부는 가까이서 들여다봅니다. 지도자들은 모든 것을 이해하기 때문에 모든 일을 처리할 수 있습니다. 그들은 선택의 순간에 놓였을 때 운명에 기대지 않고 기준을 둡니다. 인간의 능

---

* 　　고대에는 기쁜 일과 슬픈 일이 있을 때 각각 흰 돌과 검은 돌로 표시하는 관습이 있었다.

력과 결함을 관찰해 보면 탁월할 수도 평범할 수도 있습니다. 이럴 땐 다정한 배려는 배제해야 합니다. 가장 중요한 건 감정도 속임수도 아닌 이익입니다. 감정과 속임수는 성공을 가로막는 장애물로 잘 알려져 있습니다. 속임수가 속이는 행위 자체라면 감정은 속이고 싶어 하는 마음입니다. 고결한 심판자들은 언제나 이성에 기반합니다. 그들은 눈이 없어도 더 많은 것을 볼 수 있고, 손이 없어도 모든 것을 만지고 가늠할 수 있습니다.

판단의 자유는 위대한 행복입니다. 무지나 특별한 호의도 이를 침범해서는 안 됩니다. 모든 것은 진실에서 나옵니다. 간혹 안전이나 감정 때문에 진실을 내부의 신성한 곳에 넣어 두거나 자신을 위해 비밀에 부치는 경우도 있습니다.

위대한 이해력은 맛있습니다. 사물을 이해할 때보다 사람, 현상, 원인, 효과, 감정을 이해할 때 더욱 맛있죠. 게다가 유익합니다. 조심스럽지만 이해력은 주로 주변인들의 탁월함과 어리석음, 특별함과 평범함을 구분할 때 필요합니다. 놀이에서 최고의 전략은 피하는 방법을 아는 것이듯 삶에서 최고의 법칙은 분리하는 법을 아는 것입니다.

판단력과 이해력이 높은 위대한 지식인 이하르*Híjar*의 공작과 이야기를 나누었습니다. 그는 현명하고 신중한 살리나스 이 알렝케르*Salinas y Alenquer*의 후계자입니다. 칭호만 그런 것이 아니라 그는 실제로 매우 탁월한 인물입니다. 이토록 배울 점이 많은 대화가 주는 울림은 매우 큽니다.

아주 뛰어난 사람일지라도
높은 판단력을 가진 사람의
비판 앞에서는
두려움에 떨며
자기만족을 내려놓게 된다.
그의 정확한 판단이
얼마나 엄격한지
알기 때문이다.

20.

허풍을 떨지 않는 사람

모든 허풍은 어리석고,
허세는 참기 어렵습니다.

위대한 스승이 배우지 않는 법을 가르치고 있습니다. 그 첫 번째 강의는 무시에 대한 것으로 앎을 제외하고는 중요하게 생각지 말라는 내용입니다. 안티스테네스Antisthenes*는 제자들에게 후에 성공하는 법을 더 잘 배우기 위해 실패를 배우지 않는 법을 가르쳤습니다.

특별한 능력을 얻는 것보다 더 중요한 일은 저속한 결점을 갖지 않는 것입니다. 결점이 하나만 있어도 모든 능력이 빛을 잃을 수 있고, 능력을 다 합쳐도 결점 하나를 숨기기 어려울 수 있기 때문입니다. 아주 작은 흠 때문에 얼굴 전체를 들지 못하며, 모든 부분이 아름다울지라도 작은 추함 하나를 가리기 어렵습니다.

결점은 뻔뻔할수록 더 잘 드러나기에 신중한 사람들은 적절히 물러날 줄 압니다. 그런데 어떤 결점들은 완벽함이라는 탈을 쓰고 숭고한 능력, 특히 권위 있는 능력이 모인 광장을 걷기도 합니다.

그중 하나가 바로 허풍입니다. 허풍을 떠는 사람들은 탁월해지기를 열망하는 것이 아니라 어떤 식으로든

* 고대 그리스의 철학자로 소크라테스의 제자 중 한 명이다.

박수를 받는 데 집중합니다. 그래서 위대한 사람들이 쓰는 무기, 단어에 간섭하고 심지어는 그들의 선행에도 끼어들어 호감을 얻고자 하죠. 심지어 거의 영웅과 비슷해 보이기도 하는데 실제로는 그렇지 않습니다. 그들은 아주 소량으로 입과 배를 채워 왔기 때문에 행운을 크게 한입 베어 무는 데 익숙하지 않습니다.

가장 가진 것 없는 자가 가장 많이 가진 척합니다. 기회를 잡으러 나서고 그 기회를 과장합니다. 없느니만 못한 것일수록 오히려 더 부풀립니다. 그들은 생각하는 척하면서 호기심을 유발하고, 아주 작은 일도 놀랄 만한 일로 부풀립니다. 그들이 하는 모든 일은 마치 세상에서 처음으로 일어나는 일처럼 보이고 그들의 모든 행동은 위업이 됩니다. 그들의 평생은 훌륭하며 그들에게 일어나는 일, 행운의 기적, 명성도 마찬가지입니다. 그들에게 평범함이란 없습니다. 용기, 지식, 기쁨 모든 것이 특별합니다. 하지만 그렇게 박수를 받기 위해 카멜레온처럼 살다가는 모두의 웃음거리로 전락하고 말 것입니다.

모든 허풍은 어리석고, 허세는 참기 어렵습니다. 신중한 사람들은 위대한 사람처럼 보이려 하지 않고 스스로 위대한 사람이 되고자 합니다. 흉내만 내는 사람들은 겉모습만으로 만족합니다. 그렇기에 닮고자 한다는 것만으로 탁월함의 증거가 될 수는 없습니다. 오히려 실제로는 가진 게 없기 때문에 그들에겐 무엇이든 대단해 보일 수 있습니다.

금방이라도 사라질 수 있을 만큼 가진 게 없으면서도 천박하게 과장만 하는 게 바로 허풍입니다. 그의 우스운 걸음걸이는 다 라만차*La Mancha**, 즉 하나의 얼룩 때문에 생기는 게 아닙니다. 그전에 이미 스스로 불신의 길에 들어섰기 때문이지요. 이런 사람들은 겉으로는 대단해 보일 수도 있습니다. 실제로 주변에 이런 사람들이 많이 있습니다. 허풍을 떠는 사람과 만나면 매일 그의 우스꽝스러운 자랑을 들어야 합니다. 도망치고 싶어질 정도죠. 교만은 항상 불쾌하고, 허풍은 심지어 우습습니다. 허풍을 떨면 존경받고 싶은 사람에게서 되레 경멸을 살 수 있습니다. 그들은 자신이 존경받고 있다

---

* 라만차는 스페인어로 '얼룩'을 뜻하며 돈 키호테를 의미한다. 돈 키호테는 허풍을 떠는 인물로 묘사된다.

고 생각할 때 모두에게서 비웃음을 삽니다.

허풍은 고상한 정신이 아닌 비천한 마음에서 태어 납니다. 진정한 명예를 갈망하는 것이 아니라 겉치레만 바라기 때문입니다. 진정한 업적이 아니라 그럴듯한 모양새를 추구합니다. 그렇기에 어떤 사람들은 군인이 아닌데 군인이 되고 싶어서 군인인 척하고 군인처럼 보이길 바랍니다. 그들은 기회를 노리고 그들에게 주어진 작은 것을 크게 부풀려 기뻐합니다.

또한 군주 행세를 하면서 별일 아닌 일을 문제 삼으며 위대한 사람들을 따라 하는 사람들이 있습니다. 사람들은 그들에 대적하려 하지 않습니다. 그들과 엮이면 작은 먼지에서 흙바람이 불 수 있고 작은 일에서 큰 소리가 날 수 있기 때문입니다. 그들은 매우 바쁜 척을 하며 휴식과 여유에 목말라합니다. 그리고 과한 표정과 몸짓을 사용하면서 알 수 없는 말을 하죠. 그렇게 그들은 감탄과 침묵의 간극을 메웁니다. 후아넬로*Juanelo*의 장치*

---

* 16세기에 스페인 타호강의 물을 톨레도로 옮기기 위해 고안된 장치다.

보다 더 많은 장비를 들어서 시끄럽게 굴지만 얻는 건 거의 없습니다.

명예를 좇는 개미처럼 업적을 구걸하는 사람들도 있습니다. 곡식 한 알에 가까운 작은 일에도, 가끔은 별 가치가 없는 일에도 그들은 아주 애를 쓰고 만족해합니다. 케레스*Keres***의 마차를 끄는 발보다 더 으스대며 움직이죠. 허풍을 떠는 사람들은 온종일 자화자찬하다가 겨우 알 하나를 낳는 암탉과 같습니다. 큰 산이 오만을 떨며 과장하기에 무엇을 낳는가 보았더니 겨우 우스꽝스러운 쥐를 낳은 것과 다름없죠.

업적을 세운 사람과 그런 척을 하는 사람은 매우 다르며 완전히 반대라고도 할 수 있습니다. 실제로 공을 세운 사람은 그 업적이 탁월할수록 허세를 부리지 않습니다. 그는 자신의 행동 자체로 만족하며 말은 다른 사람이 하도록 둡니다. 그렇지 않더라도 그의 업적 자체가 말하는 바가 크니까요. 카이사르를 생각해 보면 그

** 그리스 신화에 등장하는 죽음의 여신이다. 용과 뱀이 케레스의 마차를 끌었다.

는 자신이 세운 업적보다 훨씬 겸손하게 스스로를 평
가했습니다. 그가 원하는 건 칭찬이 아닌 진실입니다.
허풍을 떠는 사람들은 자랑하려는 마음에 지어내기까
지 하며 자신의 성과를 드러내고 심지어는 부풀립니다.
그들은 저급하고 치명적인 실패를 천 번 저지른 뒤에
얻은 알맹이 없는 한 번의 성공을 크게 포장하고 큰 소
리로 알립니다. 그리고는 자랑거리를 기록할 펜을 구
하지 못하다가 황금 펜을 빌려 진흙 같은 거짓을 쓰죠.

　이렇게 아무것도 안 하고 허풍만 떠는 사람들은 그
들의 감정에 대해 변명을 늘어놓습니다. 결국 감정과
어리석음이 그들의 집에 남죠. 이들 중에서도 가장 어
리석은 자가 더 자주 허풍을 떠는데 그의 말도 안 되는
거짓말은 정말이지 질립니다. 하지만 무지를 숭배하는
자들은 그들의 광기 또한 숭배하는 것 같습니다. 이는
의심의 여지 없이 저속하고 쓸데없는 일이에요. 숭배
에 이골이 난 정치가들에 대한 이야기가 아닙니다. 그
들은 오히려 무지는 신경 쓰지 않습니다. 악의에 대한
아첨인 거짓 칭찬만 밀어내죠. 무지는 속이려는 의도
가 없기에 용서받지만 아첨은 벌을 받습니다. 다른 사

람의 명분과 이익을 챙기는 어리석은 사람들은 결국 자신의 집에서는 미련하고 남의 집에서는 헛수고만 하는 꼴입니다.

도미티아누스*Domitianus*의 승리는 진짜 승리가 아닌 허풍이었습니다. 아우구스투스는 이 말에 반박하지 않았고, 카이사르와 네로 왕은 박수를 보냈습니다. 아마 전쟁에서 멧돼지 한 마리 정도 잡았을 겁니다. 이는 승리가 아니라 큰소리만 치는 꼴이죠.

명성을 쓰는 펜은 황금 펜이 아닙니다. 빌릴 수 없기 때문입니다. 하지만 그 소리는 은보다 더 멀리 퍼집니다. 그 펜의 값을 매길 순 없지만 박수갈채라는 상이 내려옵니다.

---

*   로마의 황제. 로마의 역사가 수에토니우스(Suetonius)에 따르면 도미티아누스는 끝나기 직전이었던 전쟁에 참전해 승리를 거뒀다.

21
·

근면에게도 지성이 필요하고
지성에게도 근면이 필요합니다.

성실하고 똑똑한 사람

'자연'이 사람 둘을 만들었는데 '불운'이 찾아와 모두 앗아갔습니다. 그리고 '노력'은 그 둘을 중간 상태로 만들었습니다. 한 명은 눈이 멀게 됐고, 다른 한 명은 다리를 절게 됐죠. 그들이 도움을 요청하자 '기술'이 찾아왔습니다. '기술'은 그들에게 서로 번갈아 가며 도움을 주고 상호 의존하면 된다는 해결책을 주었습니다.

"눈이 안 보이는 자여, 너는 다리를 저는 자의 다리가 되어 주어라! 다리를 저는 자여, 너는 눈이 안 보이는 자의 눈이 되어 주어라!"

그렇게 문제는 해결이 되었습니다. 다리가 있는 사람은 자신의 눈이 되어 준 사람의 어깨를 잡았고, 눈이 보이는 사람은 자신의 다리가 되어 준 사람에게 길을 안내했습니다. 눈이 안 보이는 사람은 다리를 저는 사람을 자신의 아틀라스라 불렀고, 다리를 저는 사람은 눈이 안 보이는 사람을 자신의 하늘이라 하였죠.

'현명'한 사람이 '노력'의 이런 경이로운 행동을 보고 멈춰 서서 그 영리함을 탐내며 이것이 무엇을 의미하는 것이냐고 물었습니다. 그러자 '노력'은 이렇게 답합니다.

"근면에게도 지성이 필요하고 지성에게도 근면이 필요합니다. 한쪽이 없으면 가치는 하락하고 둘을 합치면 가치가 훨씬 커지죠. 한쪽은 민첩하게 행동하고 한쪽은 신중하게 생각합니다. 근면한 지성은 선의의 집중력을 발휘해 성공을 지배합니다."

아주 성실하고, 훌륭한 일을 해내고, 실행력이 있고, 효율적이지만 현명하지는 않은 사람들이 주변에 많습니다. 그에 대해 누군가는 이렇게 말할 것입니다.

"그렇게 성실한 만큼 현명하기까지 했다면 그는 분명히 위대한 군주가 됐을 거야."

그러나 근면하기만 하면 신뢰할 수 없습니다. 그들이 가는 모든 길은 최대의 난관일 것이기 때문입니다. 그들만 남겨 두면 곧 실수를 하고 모든 노력을 실패하는 데 쏟게 됩니다. 그럼 결국 그들이 일을 끝내는 것이 아니라 일이 그들을 끝내게 되죠. 이는 마치 자신이 탄 어리석음이라는 말에서 끝내 내리지 못하고 달려가는 사람과 같습니다. 이렇게 충고를 듣지 않고 행동으로 결과를 보여 주는 게 나을 수도 있습니다.

성실하기만 한 사람들에겐 열정이 곧 어리석음입니

다. 그들은 장애물을 발견하지 못하기 때문에 조심하지도 못합니다. 생각 없이 뛰기만 하는 것이죠. 그들은 깨닫지 못하기에 자신이 깨닫지 못한다는 사실조차 깨달을 수 없습니다. 자기 앞에 놓인 상황을 보지 못하는 사람들은 자신을 보는 눈도 없는 법입니다.

명령 받는 것을 잘하는 사람들이 있습니다. 그들은 근면하기 때문에 행복하게 일합니다. 하지만 명령을 내릴 줄은 모르죠. 잘못된 생각을 하고 최악을 선택해 항상 실패에 봉착하기 때문입니다.

반대로 지성이 뛰어난데 실행력이 없는 것만큼 불행한 일도 없어요. 그들이 구상한 성공의 꽃은 시들어 갑니다. 우유부단이라는 얼음이 에워싸고 있기 때문이죠. 그들은 그렇게 희망이라는 향기를 잃고 포기한 채 실패를 맞습니다.

그들은 과하게 성찰하고, 그럴듯한 선택을 하지만 실행에 옮기는 데 실패해 훌륭한 판단을 실현하지 못하는 사람들입니다. 시작은 좋아도 그 뒤는 나쁘죠. 멈춰 버렸기 때문입니다. 생각은 넘치지만 그게 전부예요. 무엇이 이득인지 판단하고 평가도 잘하지만 실천하기 귀찮다는 이유로 모든 것을 잃고 맙니다. 또 어떤 사람들은 가장 중요한 일에는 별로 관심이 없고 가장 쓸데없는 일에만 몰두해 결국 자신의 의무에 반감을 갖게 되기도 하고요(기질과 직업이 항상 딱 맞는 것은 아닙니다). 그리고 맡은 일에서 난관에 부딪혔을 때는 항상 자신의 취향을 따릅니다. 그들은 두려움보다는 혐오 때문에, 일의 내용보다는 분노 때문에 탈주하게 됩니다. 적응을 잘하는 건 위대한 재능입니다. 군주라 하더라도 직업이나 직무에 항상 딱 맞는 건 아니기 때문입니다. 영웅에서 그저 평범한 인간으로 전락한 운명이 얼마나 많습니까!

현자는 모두 침착하게 생각하고 많은 것을 깨닫기에 잘못을 바로잡을 수 있었습니다. 또한 불편한 점을 찾아내 해결책을 찾고자 합니다. 그래서 근면이 지성을 찾아오는 일은 드뭅니다. 통치자들은 근면을 원하는 반면 전사들은 지성을 원합니다. 그리고 그들이 한데 모이면 놀라운 일을 해냅니다.

알렉산더 대왕의 훌륭한 기지는 대운의 어머니였습니다. 그는 '나는 모든 것을 정복한다.'라면서 '나는 내

일 할 일을 남기지 않는다. 내년엔 무엇을 할 것인가?'
라고 했습니다. 또 다른 영웅의 표본인 카이사르는 '나
의 놀라운 업적은 구상된 것이 아니라 이미 완성되어
있었다.'라고 했죠. 자신의 업적이 놀랍지 않았거나 구
상을 하는 데 시간을 많이 쏟지 않았기 때문일 것입니
다. 그가 자주 했던 말 '가자!'는 다른 이들이 아닌 자기
자신에게 하는 말이었습니다.

사자는 기민했기에 짐승의 왕이 되었습니다. 다른
짐승들이 무기를 이용하거나 몸을 부딪히거나 힘으로
밀어붙여 사자를 이긴 적은 있지만, 사자는 언제나 자
신의 민첩함을 믿었고 모든 짐승을 이겼습니다.

이것은 용감한 스페인인과 호전적인 프랑스인이 항
상 넘치게 가지고 있는 능력입니다. 하늘은 스페인의
신중함과 프랑스의 기민함 사이에 균형을 맞춰 주었습
니다. 스페인의 침착함은 프랑스의 분노를 밀어냈죠.
스페인 사람에게는 민첩함이 부족하지만 조언을 구하
면 보충할 수 있습니다. 반대로 프랑스 사람의 무모함
은 근면함을 더 빛낼 수 있겠죠. 이런 우연과 시간에 따
라 번번이 승리를 점치기는 어려웠습니다. 카이사르는

두 국가를 자세히 조사했습니다. 한 국가는 철저히 대비함으로써, 다른 한 국가는 인내함으로써 승리를 거뒀습니다. 위대한 아우구스투스 황제는 자신의 '페스티나 렌테*Festiná Lenté*', 즉 '천천히 서둘러라'를 되새기며 승리를 위한 최적의 수단을 만들었을 수도 있습니다.

좋은 사람은 드물어서 적이 많고, 나쁜 사람은 흔해서 모두가 그를 돕습니다. 진리와 성공으로 가는 길은 유일하고 험난합니다. 타락하는 방법은 매우 많고 이를 치유하는 방법은 매우 적습니다. 모두가 힘을 합쳐 좋은 것을 밀어내려 합니다. 이럴 땐 상황마저 좋은 것으로부터 등을 돌립니다. 기회는 날아가고 시간은 지나가고 장소는 사라지고 적기도 기만하며 모두가 돕지 않죠. 하지만 지성과 근면은 끝내 모든 것을 이깁니다.

성실하기만 한 사람들에겐
열정이 곧 어리석음이다,
그들은 장애물을
발견하지 못하기 때문에
조심하지도 못한다,

22

새로운 것을 추구하는 사람[*]

새로운 방식을 도입해
주의깊게 행동하면
완벽한 사람보다 더 높은 곳에
도달할 수 있습니다.

방법을 바꿔야 한다는 위대한 법칙을 말한 클레오불루스Cleobulus[**]는 첫 번째 현인이 될 자격이 충분했습니다. 후에 그는 첫 스승이 되었을 것입니다. 하지만 그 법칙을 가르치는 것만으로 현인과 첫 번째라는 명성을 얻을 수 있다면, 법칙을 알고 있는 사람에겐 무엇이 남을까요? 알지만 행하지 않으면 철학자가 아닌 문법학자일 뿐입니다.

일에서는 환경도 본질도 중요합니다. 오히려 우리가 처음 맞닥뜨리는 것은 일의 본질이 아니라 외면입니다. 외면을 보면 내면을 알 수 있습니다. 겉모습을 잘 다루면 능력의 결실을 볼 수 있습니다. 우리는 잘 모르는 사람이라도 행동으로 그를 판단하게 됩니다.

좋은 방법을 택할 줄 아는 것은 칭찬받을 만한 능력 중 하나이며 주의력 다음으로 중요합니다. 창의성은 학

---

[*]   바르톨로메 데 모를라네스(Bartolomé de Morlanes) 박사에게 보내는 편지글이다. 바르톨로메 데 모를라네스는 사라고사 필라르(Pilar) 성모 대성당의 사제다.

[**]   그리스의 일곱 현인 중 한 명으로, 신체와 정신의 건강을 강조했다.

습할 수 있으므로 이를 갖추지 못했다는 변명은 통하지 않습니다. 창의성은 타고나는 것이라고 하는 사람들도 있지만 노력으로 보완할 수 있습니다. 또 어떤 사람들은 모든 걸 기술적으로 하나하나 개선해야 한다고 말합니다. 하지만 이 모든 것이 합쳐졌을 때 비로소 능력이 뛰어나고 행복한 인간을 만들 수 있습니다.

참신함은 모든 행동과 일에 탁월한 아름다움을 선사합니다. 진실은 강하며 이성은 용감하고 판단력은 힘이 있습니다. 하지만 새롭지 않으면 다 소용없습니다. 좋은 방식을 택하면 더욱 발전하게 됩니다. 방식이 신선하면 어딘가 부족할지라도 이해받을 수 있습니다. 설령 그 부족한 것이 이성이라 하더라도 말이죠. 이는 실수를 포장하고 추악함을 깎아 내고 결점은 무마하고 모든 것을 묵인할 수 있는 능력입니다.

부적절한 방식 때문에 중대하고 중요한 자원이 낭비되는 일이 허다하고, 참신한 방법 덕분에 이미 무너진 걸 개선하고 마무리 지은 경우도 많습니다.

군주는 열의만으론 부족합니다. 지도자도 용기만으론, 학자도 지식만으론, 왕자도 권력만으론 부족합니다. 가장 중요한 신선함이 빠져서는 안 됩니다. 참신한 방식은 왕권의 정치적 장식이며 왕관을 아름답게 꾸며 줍니다. 그렇기에 오히려 다른 누구보다도 지도자에게 가장 시급하게 필요합니다. 우월한 사람은 독재 능력이 아닌 인간성을 더 많이 갖춰야 합니다. 어떤 군주는 우월함을 내려놓고 인간적인 모습을 더 많이 보여 줍니다. 통치를 할 때는 먼저 의지를 가져야 하고 그 후엔 가능성을 바라봐야 합니다. 천성이 아닌 노력으로 사람들의 호감과 박수까지 얻을 수 있습니다. 칭송하는 사람들은 그 능력이 타고난 건지 아닌지는 따지지 않고 환호할 뿐입니다. 참신함은 유용하면서도 환영받는 능력입니다. 그 자체로는 가치가 없지만 방식이 새로울 때 높은 평가를 받는 일도 있습니다. 새로운 방식은 지나간 일에 신선함을 불어넣습니다. 방법이 참신하면 다시 돌아갈 수 있으며 심지어 다시 시도할 수도 있습니다. 현실에서는 지루하고 낡은 것은 감춰야 합니다. 사람들의 취향은 앞으로만 갈 뿐 뒤돌지 않기 때문입니다. 모두가 이미 지나간 일은 돌아보지 않으며 항상 신선한 것에 끌리지만 방식을 달리해 속이기도 합니다. 새로운 태도로 일을 쇄신한다면서 낡아서 거북한 것과 반복으로 성가신 일을 감추는 것이지요. 이런 낡고 반복적인 일들은 용납하기 어려우며 과거의 일을 모방하려 할 땐 더욱 참기 힘듭니다. 이렇게는 탁월함이나 신선함에 도달할 수 없습니다.

참신함은 기량을 사용하는 일에서 더 눈에 띕니다. 아주 잘 알려진 일이라도 수사학자가 말하는 방식이나 역사학자가 쓰는 방식이 새롭다면 더 탐나는 일이 될 수 있습니다.

뛰어난 일이라면 일곱 번을 반복해도 지루하지 않지만, 그렇지 않은 일은 성가시지 않더라도 존경받을 수 없습니다. 주목을 끌기 위해서는 어떤 식으로든 준비해야 합니다. 참신한 건 즐겁고 그 맛도 매력적입니다. 조미료만 조금씩 바꿔도 변화가 가능하며 이는 즐거움을 선사하는 위대한 기술입니다.

저열하고 평범한 일에서 새롭고 훌륭한 일로 거듭나 즐거움과 칭송이라는 대가를 받고 팔 수 있었던 일이 얼마나 많습니까! 반대로 아무리 훌륭한 일일지라도 신선한 조미료가 없다면 구미를 당기지도 유쾌하지도 않습니다.

참신한 방식을 택하는 건 훌륭한 능력으로 여겨지며 실제로도 그렇습니다. 시사하는 바가 같은 일이라도 어떤 일은 즐거움을 주고, 다른 일은 반감을 삽니다. 방법에 따라 차이가 생기고 중요성도 달라지지요. 방법을 달리하는 것만으로도 나쁜 결과는 사라지고 좋은 결과를 얻을 수 있습니다.

참신함이 부족한 상황에서 일을 한다고 가정할 때 가장 나쁜 점은 무엇일까요? 우리는 가식, 오만, 냉담, 무례함, 참을 수 없는 행동 등 괴물 같은 행동을 해서 다가가기 어렵게 만드는 사람을 여럿 보았고 비난하기도 했습니다. 한 현인은 '찡그림은 작은 기색이지만 인생 전체를 망치기에 충분하다.'고 했습니다. 반대로 온화한 얼굴은 온화한 정신을 의미하며 그 아름다움은 성품의 부드러움을 보증합니다.

좋은 방식을 택하면 특히 거절도 아름답게 포장할 수 있기 때문에 불쾌한 승낙보다 더 높은 평가를 받습니다. 물론 어떤 훌륭한 방식은 진실을 달게 만들기 때문에 아첨처럼 보일 수도 있을 거예요. 아첨 같아 보일 때는 그것이 아첨이 아니라 있는 그대로의 진실임을 깨닫게 해야 합니다.

참신함은 타고난 능력이 부족한 사람의 유일한 피난처입니다. 새로운 방식을 도입해 주의 깊게 행동하면 천성이 완벽한 사람보다 더 높은 곳에 도달할 수 있습니다. 참신한 방식을 택하면 본질적으로는 부족함이 있더라도 우월한 일과 천박한 일 모두를 보완할 수 있습니다. 참신함이 무엇으로 구성되어 있는지 알 수 없으므로 정의를 내릴 수 없다는 것은 좋은 점입니다. 굳이 정의를 내려 보자면 완벽을 구성하는 삼미신을 합친 것입니다.

우리가 항상 옛것의 경이로움을 원하거나 과거의 영웅적인 일을 구하는 건 아닙니다. 그렇기에 가톨릭 신자이면서 영웅적이고 위대한 우리의 왕비, 이사벨 데 보르본*Isabel de Borbón*이 현시대에 맞는 방식을 선택했을 때 감탄을 자아냈고 정점, 즉 경지에 다다랐을 때 모두의 박수를 받았습니다. 왕비는 스페인의 가톨릭 여

---

*   펠리페 4세의 첫 부인이자 발타자르 카를로스의 어머니다.

왕이라는 명성으로 얻은 영광과 성공의 행복을 그대로 두지 않고 발전시켰습니다. 왕비의 탁월하고 특별한 능력 중에서도 담대한 태도가 가장 눈에 띄었습니다. 그 온화한 권력으로 신하들의 마음을 훔쳤고 호감은 더욱 커졌습니다. 왕가의 신성함보다 왕비의 인간성이 더 탐났습니다. 왕비는 짧은 시간에 성공했고 박수를 받으며 살다가 사람들의 눈물 속에서 떠났습니다. 사람들은 왕비를 선망하면서 그녀의 죽음은 온 세상에 닿기 위한 것이며 하늘에서 천사와 성령을 만날 것이라 말했습니다. 왕비는 최고의 기쁨 두 가지를 누렸습니다. 현세에서는 왕비로서 사람들이 탐내는 명성을 얻었고 내세에서는 마지막 행복이라 할 수 있는 영광을 얻은 것입니다.

23
·

행운을 얻는 법을 아는 사람

다른 이에게서는
불행이 아닌 행복만 보고
자신에게서는
행복이 아닌 불행만 보는 건
자신을 학대하는 행동입니다.

간사한 행운 앞에서 모두가 불만만 쏟아냈고 감사할 줄 몰랐습니다. 짐승들마저 불만족이 극에 달했습니다. 가장 불평이 많은 짐승은 가장 멍청한 짐승이었습니다. 그가 계속해서 수군거리며 불평을 하자 평범한 짐승들은 그에게 동정뿐 아니라 박수까지 보냈습니다.

하루는 그가 여기저기서 조언을 얻고는 혼자 제우스 왕이 있는 재판소에 나타났습니다. 그는 아주 겸손한 태도를 취했고(어리석은 짐승에겐 송구스러운 자리였습니다), 제우스는 그의 말을 들어주기로 하였습니다. 아주 값진 기회를 얻은 셈이었죠. 하지만 그는 그 자리에서 최악의 장광설을 늘어놓았습니다.

"위대하신 제우스여, 저는 신께서 복수심이 아닌 정의를 지녔기를 바랍니다. 왕이라는 위대한 존재 앞에 지금 가장 불행하고 무지한 짐승이 나와 있습니다. 저는 불공평함에 대한 복수가 아니라 제 불행에 대한 치유를 원합니다. 오, 불멸의 신이시여! 저에게만 운명은 앞이 보이지 않고 포악하며 계모처럼 구는데 완벽한 왕의 능력이 어찌 이럴 수 있습니까? 자연은 저를 가장 멍청한 동물로 만들었는데 얼마나 더 불행하게 만들 셈일까요? 왜 이런 잔혹한 짐은 불행한 자에게 더 큰 짐이 되어서 행운을 제대로 이용하지도 못하게 짓밟습니까? 이런 짐은 저를 어리석게 만들고 삶을 불행하게 합니다. 무지는 박해하고 악행의 편만 듭니다. 오만한 사자가 승리합니다. 잔혹한 호랑이가 살아남습니다. 모두를 속이고 모두가 비웃는 여우가 이깁니다. 게걸스러운 늑대가 남습니다. 저는 아무에게도 해를 끼치지 않았는데 모두가 저에게 피해를 줍니다. 저는 능력이 부족해서 일을 많이 합니다. 칭찬은커녕 꾸중만 듣습니다. 걸친 것은 남루하여 못나보이고 다른 짐승들 사이에서 눈에 띄지도 않습니다. 결국 비천한 것들만 끌어당긴다는 점이 가장 유감입니다."

이 안타까운 연설은 모두에게 큰 감동을 주었습니다. 다만 근엄한 제우스만큼은 쉽게 동요하지 않았습니다. 제우스는 한쪽 손으로 귀를 막은 채* 다른 한 손을 연설자에게 내밀었습니다. 제우스는 사람들을 시켜 '행운'이 해명할 수 있도록 불러오게 했습니다.

---

*   제우스는 누군가의 잘잘못을 가려야 할 때 양쪽의 말을 다 듣기 위해 한쪽 귀를 막았다.

군인, 학생을 비롯한 지원자들이 '행운' 수색에 나섰습니다. 여기저기 찾아다녔으나 어디서도 '행운'을 찾을 수 없습니다. 서로에게 이유를 묻기도 했지만 답은 알 수 없었습니다. 그들은 권위 있는 '명령'의 집에 들어갔습니다. '명령'의 집은 무척 혼란스러웠고 모두가 생각 없이 빠르게 움직이고 있었기 때문에 답을 줄 수 없었습니다. '명령'의 집은 붐볐으나 누구도 수색대의 이야기를 듣지 않았습니다. 수색대는 '행운'이 분명 이런 혼란 속에 있지는 않을 것이라 생각하고 정신을 차렸습니다. 다음으로 '부'의 집에도 들어가 보았습니다. 그 집 안에 있던 '주의'에 따르면 '행운'이 이곳에 잠시 들렀지만 가시덤불 몇 뭉치와 송곳 몇 자루를 맡기고는 바로 떠났다고 하였습니다. 수색대는 이번에 '미'의 다섯 번째 별장으로 찾아갔습니다. '미'의 다섯 번째 별장은 여섯 번째에 너무 가까운 나머지 일곱 배의 벌금을 내야 했습니다.** 수색대는 그곳에서 '어리석음'과 마주

** 가톨릭에서 제6계명은 '간음하지 말라.'이다. 일곱 배의 벌금이란 그만큼 엄중한 벌을 의미하는 것으로 추정된다.

쳤고 더 물어볼 것도 없이 발길을 돌려 '현명'의 집으로 갔습니다. 수색대는 '가난'의 집에도 들렀습니다. '가난' 은 '행운'이 자신의 집에도 오지 않았지만 자신은 항상 '행운'을 기다리고 있다고 말했습니다.

이제 남은 집은 길 오른쪽에 있는 집 한 채밖에 없 었습니다. 굳게 닫힌 문을 두드리자 한 여인이 나왔는 데 너무 아름다운 나머지 일행은 삼미신 중 하나라고 생각하고 그들 중 누구인지 물었습니다. 그러자 그녀는 아주 상냥하게 '선'이라고 답했습니다. 그리고 그 집의 가장 깊숙한 곳에서 '행운'이 미소 띤 얼굴로 나왔습니 다. 수색대는 '행운'에게 왕의 명령을 고지했습니다. 그 리고 으레 그래 왔듯 '행운'은 영문도 모른 채 재판장으 로 날아갔습니다.

'행운'은 거룩한 왕좌 앞에 정중히 다가갔습니다. 수 색대는 모두 '행운'에게 예를 갖추라고 했습니다. 뿐만 아니라 상황을 뒤집으려면 아첨이라도 하라고 조언했 죠. 제우스가 말했습니다.

"'행운'이여! 매일 나를 찾아와 자네에 대한 불만을 늘어놓는 자들이 있는데 대체 어찌 된 것인가? 많은 이들을 기쁘게 하는 것은 매우 어렵고 모두를 기쁘게 하기란 불가능하다는 건 나 역시 잘 알고 있다. 또한 일이 잘 풀렸는데도 만족하지 않고 넘치는 것에 감사하는 것이 아니라 조금 부족한 것에 불만을 갖는 이들도 보았다. 다른 이에게서는 불행이 아닌 행복만 보고 자신에게서는 행복이 아닌 불행만 보는 건 자신을 학대하는 행동이다. 그런 자들은 금으로 된 왕관이 얼마나 빛나는지만 보고 그 무게와 부담은 알려 하지 않는다. 그렇기에 나는 언제나 불행하기만 하다는 자들의 불만은 지금까지 듣지 않았다."

'행운'이 곁눈질을 했습니다. 웃음이 나올 뻔했지만 자신이 지금 어디에 있는지 생각하고 자제하며 말했습니다.

"위대하신 제우스여, 한마디만 하겠습니다. 그 당나귀는 대체 누구에게 불만을 토로하는 것입니까?"*

그 답변을 듣고 모두가 웃었고 제우스도 박수를 보

---

* 당나귀는 자신이 가진 것이 무엇인지조차 분별하지 못하는 가장 어리석은 동물을 상징한다.

냈습니다. '행운'의 대답으로 그 어리석은 용의자가 누군지 밝혀지자 제우스는 위로 대신 그에게 이렇게 말했습니다.

"불행한 짐승이여, 네가 더 많은 것을 깨달았다면 그토록 비참하지 않았을 것이다. 오늘부터 사자의 명석함, 코끼리의 신중함, 여우의 영리함, 늑대의 주의력을 배우도록 하라. 준비물을 잘 갖췄다면 원하는 바를 이룰 수 있을 것이다. 또한 필멸의 운명도 피할 수 있을 것이다. (제우스는 목소리를 높였습니다.) 신중함만큼 큰 행복도 경박함만큼 큰 불행도 없다."

'가난'은
'행운'이 자신의 집에도
오지 않았지만
자신은 항상 '행운'을
기다리고 있다고 말했다.

24

진실의 가치를 중시하는 사람

카이사르는 진실이
다른 모든 가치의 목표라고 말했죠.
그리고 나는 한마디로 진실은
완전함이라 하겠습니다.

인간 몸의 '뼈'가 계속 투덜거리는 나약한 '혀'를 비난했습니다. '뼈'는 '혀'가 경박하면 현명함은 기대할 수 없다고 강조하면서 '혀'의 연약함에서 나오는 천박함을 계속 과장하며 조롱했죠.

이에 '혀'는 '심장'이 삶의 근원이자 다른 인체 기관의 왕이며, 자신은 그저 인체의 일부일 뿐이라고 변론했습니다. 또 '뇌'는 판단력을 담당하지만 자신보다 더 연하지 않느냐고 변명했죠. 하지만 '심장'은 자신의 가치를 드러내고 '뇌'는 자신의 안정성을 내세우며 반론했기에 아무 소용이 없었습니다.

다들 자신을 몰아세우자 '혀'는 있는 힘을 다해 말했습니다.

"내가 그렇게 약해 보여? 경고하겠는데 내가 원하면 너희가 아무리 강할지라도 내가 더 강해질 수 있어. 내가 살덩어리로 보이겠지만 나는 뼈가 아니라 다이아몬드도 깨뜨릴 수 있다고."

그러자 모두가 비웃었고 특히 평소 '혀'를 막아 버리겠다고 위협하곤 했던 '치아'들이 더 크게 비웃었습니다. 그러자 '혀'가 다시 한번 말했습니다.

"좋아. 모두가 환호하며 인정할 수밖에 없는 증거를 보여 줄게. 내가 진실을 말하면 강자 중의 강자가 될 것이고 그 누구도 나에게 대항할 수 없을 거야. 모두 잘들어. 왕은 모든 것을 끝낼 수 있기에 강하지만 더 강한 건 모든 걸 얻고 마는 여인이야. 포도주는 이성을 마비시키기 때문에 강하지만 진실은 훨씬 강하고 난 그 진실을 지키고 있다고."

모두가 패배를 인정하며 외쳤습니다.

"오, 정말 그렇네."

혀는 의기양양한 모습으로 자신의 승리를 천 번이나 반복하며 축하했습니다.

진실은 '심장' 속에 은둔하며 '혀'로 재판을 받았습니다. 그리고 한꺼번에는 아니지만 모두가 잘못을 빌기위해 '혀'를 찾아왔습니다.

이렇게 흠잡을 데 없이 완벽한 하나의 인간 안에서 훌륭한 능력들이 불멸의 왕관을 차지하기 위해 경쟁을 벌입니다. 숭고한 정신, 장엄한 영혼, 권위, 평판, 명성, 보편성, 자랑스러움, 관용, 명석함, 칭찬받을 만한 능력, 고상한 취향, 교양, 사람들의 호감, 기억력, 지식, 판단력, 기분에 휘둘리지 않는 정신, 겸손함, 진지함, 통제력, 인내심, 총명함, 예의, 현실성, 실행력, 주의력, 훌륭한 공감 능력, 신비로움, 한계가 없는 모습 등 수많은 위대한 능력이 서로 다툽니다.

경쟁의 초반에는 아량을 베푸는 듯했는데 나중에는 명백하고 공공연한 싸움이 되어 버렸습니다. 이미 앞에서 말한 그런 능력들뿐 아니라 그 능력의 주인들까지 가세했지요. 이들은 아주 특별하지는 않았지만 당시에는 위대한 인물로 간주되었습니다. 모두 놀랄 만큼 탁월하다는 명성을 얻은 자들이었어요. 결국엔 모두가 불멸의 영웅이 되었지요.

다들 열정적으로 경쟁했고 전력을 다해 자신의 능력 전부를 발휘했습니다. 현명한 자들은 분별력을, 용감한 자들은 힘을, 권력자들은 권위를 내세웠지요. 이 빛나는 전쟁에서는 모두가 불멸의 집요함을 보여 주었고 박수갈채를 받았으며 영웅심을 불태우는 듯했습니다.

시간, 관습, 사람들의 기질에 따라 명성은 변하고 행운은 실수를 범하기도 합니다. 그러다 감정이 넘치면 절대로 승리를 외치지 못합니다. 현인들은 언쟁이 혼돈의 아들이며 혼란의 자식임을 떠올렸습니다. 그리고 다툼이 아닌 판단의 장으로 나설 것을 제안합니다. 모두가 동의했고 현명하고 신중하고 공정한 판결이 정확한 결론을 내릴 것이라고 생각했습니다. 하지만 언제나 그렇듯 하나의 어려움은 다른 큰 어려움을 낳습니다. 바로 어떤 재판장에 참석할지가 문제였습니다.

왜냐하면 아스트라이아*는 오래전 지상을 떠나 하늘로 올라갔기 때문입니다. 그렇다고 모모스에게 가는 건 모두에게 형벌과도 같았습니다. 험담은 우연으로라도 누군가의 손도 들어주지 않고 모두를 처벌하기 때문이지요. 남은 건 진실뿐이지만 수세기 전에 밧줄로 묶여 더 깊숙한 곳으로 들어갔고, 감기에 걸린 척하며 입을 닫아 버렸습니다. 진실을 원하는 현인들은 먼저 왕들에게 진실에 자유롭게 다가갈 수 있는 통행증을 간청했습니다. 그리고 이 요청이 받아들여지면서 가까워질수록 더 아름답고, 드러날수록 더 관대한 진실의 모

---

*   그리스 신화에 등장하는 정의의 여신이다.

습을 보게 되었습니다. 진실은 한 번의 봄[**]으로 아름다움이란 이름을 얻었습니다. 박수는 얼마 받지 못했지만 빛이 났고, 많은 이의 미움을 샀지만 모두의 존경을 얻었습니다.

진실은 정오의 빛을 받으며 재판장에 앉았습니다. 현인들은 자신의 차례가 오면 진실을 극찬하며 자신의 입장을 밝히기 시작했습니다. 진실은 모두를 칭찬했고 모두가 특별하기에 마음이 기운 것처럼 보였지만 결국 이렇게 선언합니다.

"고상한 자가 지닌 탁월한 능력들이여, 신중한 자가 지닌 칭송받을 만한 능력들이여, 나는 모든 능력을 존경하고 축복하지만 진실을 말하지 않을 수 없기에 가감 없이 고백합니다. 여러분은 태양처럼 빛나는 능력을 지녔으며 그 탁월함에 후광이 반짝이고 영웅심과 신중함도 두드러집니다. 루이스 멘데스 데 아로*Luis Méndez de Haro* 공은 종교의 제단을 갖추고 있습니다. 진실을 위

***

[**]   작가는 동사 '보다'와 계절을 의미하는 명사 '봄'으로 언어유희를 했다.

233

한 훌륭한 선택이지요. 세네카는 진실을 인간의 유일한 장점이라 불렀습니다. 그리고 아리스토텔레스는 완벽함, 살루스티우스는 불멸의 명예, 키케로는 행복의 원인, 아풀레이우스는 신성함의 쌍둥이, 소포클레스는 영속적인 재산, 에우리피데스는 숨겨진 재물, 소크라테스는 행운의 기반, 비르힐리오는 영혼의 아름다움, 카톤은 권위의 토대라고 불렀으며, 비안테는 진실만으로 모든 것을 얻었습니다. 또한 이소크라테스는 진실만이 자신의 재산이라 하였고 메난드로스 왕은 진실을 자신의 방패로 삼았으며 호라티우스는 최고의 화살로 여겼습니다. 발레리오 마시모는 진실은 값을 매길 수 없다고 했고, 플라우토는 진실 그 자체로 상이라고 말했습니다. 또 위대한 카이사르는 진실이 다른 모든 가치의 목표라고 말했죠. 그리고 나는 한마디로 진실은 완전함이라 하겠습니다."

진실은 한 번의 봄으로
아름다움이란 빛을 얻었다.
박수는 얼마 받지 못했지만
빛이 났고,
많은 이의 미움을 샀지만
모두의 존경을 얻었다.

25

어디서든 우리는
철학을 해야 합니다.
그 철학이란 다름 아닌
죽음에 관한 명상입니다.

삶의 여정을 오롯이 걷는 사람

현명한 자의 삶은 짧지만 풍성합니다. 휴식 없는 삶이란 하룻밤도 묵지 않고 내내 걷기만 하는 긴 여정과 같습니다. 만약 헤라클레이토스와 동행해야 한다면 어떨까요! 대자연은 인간의 삶에 태양이 비추는 길을 놓아 주었고, 한 해를 채우는 계절이 있듯 삶에도 계절을 선물했으며, 그 사계절처럼 인간의 삶도 네 시기로 나누었습니다.

즐거운 유년기에 봄이 시작됩니다. 깨지기 쉬운 희망 속에서 꽃이 피지요.

무덥고 불쾌한 여름은 청년기에 찾아옵니다. 들끓는 피와 폭풍 같은 열정으로 모든 순간이 위태롭습니다.

그리고 진정한 어른이 됐을 때 그토록 바라던 가을이 옵니다. 판단력, 언행, 성공이라는 열매가 제때 무르익어 드러나지요.

노년이 되어 얼어붙은 겨울엔 모든 게 끝이 납니다. 활력의 잎이 지고, 머리는 눈처럼 하얗게 세며, 혈관의 흐름이 얼고, 이와 머리카락은 모두 떨어지고, 가까워진 죽음에 삶은 덜덜 떨리지요. 이렇게 자연은 나이와 계절을 바꿉니다.

자연은 예술과 경쟁하면서 삶의 정신을 교묘히 변화시키려 합니다. 피타고라스는 한 단어, 아니 그보다 더 짧게 말했습니다. 그는 글자 하나와 잔가지 두 개로 선과 악이라는 완전히 다른 두 길을 보여 주었습니다.[*] 동이 텄을 때 막막한 두 갈래 길 앞에 헤라클레스가 왔습니다.[**] 여명이 내리는 그 순간은 모두가 혼란에 빠지는 시간입니다. 헤라클레스는 두려운 모습으로 오른쪽 길을 바라보았고, 다시 환희에 찬 얼굴로 왼쪽 길을 보았습니다. 오른쪽은 좁고 험난한 데다 그 끝이 오르막길이었는데 되돌아 나오는 이들도 보였습니다. 왼쪽은 넓고 평탄했으나 계속 내리막이었죠. 헤라클레스는 그곳에 멈춰서 위대한 손이 나타나 영웅이라는 목적지

---

[*] 피타고라스학파 사이에서는 글자 'Y'가 단순한 알파벳이 아닌 인생에서 마주할 선과 악 사이의 선택의 기로를 상징한다고 보았다.

[**] 고대 그리스의 역사가 크세노폰(Xenophon)의 저서 〈소크라테스의 회상〉에는 자신의 인생을 개척해야 하는 시기에 갈림길에 놓인 헤라클레스의 일화가 등장한다. 헤라클레스는 고통이 없는 달콤한 악을 뒤로하고 노력으로 얻은 영광의 가치를 말한 선을 택했다.

로 향하는 용기의 길로 자신을 격렬하게 이끌었던 때를 떠올렸습니다.

우아하게 말하는 사람도 있고 달콤하게 노래하는 사람도 있었습니다. 매***가 백조로 변한 것입니다.

"현명한 사람이 즐기고 누릴 수 있도록 처음 30년을 주었고, 일을 할 수 있도록 당나귀에게서 20년을, 맘껏 짖을 수 있도록 개에게서 20년을 빌려다 주었으며, 마지막으로 늙어 갈 시간 20년을 원숭이에게서 빌려다 주었다."

이는 진리를 보여 주는 훌륭한 이야기입니다.

하지만 지루한 일장연설은 뒤로하고, 한 훌륭한 사람이 인생이라는 희극을 세 여정으로 나누고, 인생의 여정을 세 계절로 나눈 유명한 이야기를 들려 드리려고 합니다. 그가 말한 첫 번째 여정은 죽은 사람들과의 대화 시간이었습니다. 두 번째 여정은 살아 있는 사람들과 보내는 시간이었습니다. 세 번째 여정은 온전

*** 매(Falcón)는 발렌시아의 시인이자 수학자였던 하이메 후안 팔콘(Jaime Juan Falcón)을 뜻한다. 작가는 자신의 다른 저서에서 그를 격찬한 바 있다.

히 자기 자신과 함께하는 시간이었죠. 숨은 뜻을 해석해 보면, 그는 인생의 첫 3분의 1을 독서에 전념했습니다. 그에게 읽는다는 건 고된 일이 아닌 환희였습니다. 더 많이 알수록 더 인간다울 수 있다면, 가장 숭고한 활동은 배움일 것입니다. 이때 그는 영혼의 양식이자 정신의 즐거움인 책을 닥치는 대로 삼켰습니다. 책 속에서 이루어지는 위대한 인물과의 만남은 커다란 행복이 아닐 수 없지요! 일의 노예가 되는 방법이 아닌, 고귀한 재능을 갈고닦는 존엄한 기술을 이 시기에 모두 배울 수 있습니다.

여정을 시작하기에 앞서 성가시지만 몇 가지 언어도 정확히 익혔습니다. 모두가 사용하는 두 언어인 라틴어와 스페인어였죠. 지금은 이 두 언어가 세계를 여는 열쇠가 되었습니다. 그리스어, 이탈리아어, 프랑스어, 영어, 독일어와 같은 특별한 언어들은 삶의 여정에서 사라지지 않는 것들을 최대한 많이 그리고 충분히 달성하기 위해 배웠습니다.

다음으로 그는 인생의 위대한 어머니이자 지식의 아내이며 경험의 딸인, 소중한 역사를 만나러 갔습니다. 역사는 가장 즐거운 만남과 가장 깊은 가르침을 선사합니다. 다른 사람들이 가는 방향과는 반대로 그는 고대에서 시작해 현대까지 왔습니다. 또한 고유의 문화뿐 아니라 외국의 문화도 놓치지 않았습니다. 성스럽든 세속적이든 가리지 않았죠. 작가들이 무엇을 선택하고 존경했는지 참고하고 시간, 시대, 세기의 변화도 따라갔습니다. 그리고 군주제, 공화정, 제국의 성장과 쇠퇴와 변화를 깊이 이해했죠. 그러면서 군주들의 수, 순서, 자질을 전쟁과 평화의 시대 속에서 살펴보았습니다. 이 모든 것들이 아주 행복한 기억이 돼 현재에서 고대를 보여 주는 광대한 극장처럼 느껴졌습니다.

그는 너무나 아름다운 시인의 정원을 거닐었습니다. 시를 직접 읊기도 하고 그저 감상하기도 하였는데 유익하면서도 우아한 시간이었습니다. 그렇게 그는 시 한 구도 못 쓸 정도로 무지하지도, 두 구나 쓸 정도로 무분별하지도 않은 사람이 될 수 있었습니다. 그리고 진정한 시는 모두 읽었습니다. 시구를 읽으며 기량을 키웠고 문장 속에서 판단력을 길렀습니다. 특히 고대 로마 시인 호라티우스의 깊이 있는 시에 마음을 뺏기고 마르티알리스의 날카로운 시에 손이 갔습니다. 그는 손바닥을 내밀어 모두 외웠고, 나아가 이해하는 데 몰두했습니다. 시를 만날 때 훌륭한 인문학이 합류했고 위대한 문학 작품 속에서 탁월한 지식도 쌓았습니다.

철학의 길로 넘어가서는 자연에서부터 출발해 사물의 원인, 우주의 구성, 인간의 교활함, 동물의 특성, 풀의 선함, 보석의 가치까지 닿았습니다. 그중에서도 많은 인간에게 양식이 되어 신중한 삶을 일러준 도덕을 가장 좋아했지요. 또 우리에게 문장, 명언, 상징, 풍자, 우화로 철학을 보여 준 현자들과 철학자들을 공부했습니다. 루킬리우스만큼 세네카를 열렬히 추종했고, 플라톤을 신처럼 받들었습니다. 그리스의 일곱 현인에 속하는 에픽테토스, 플루타르코스까지 따랐으며 이솝의 유용하고 재치 있는 이야기도 놓치지 않았죠. 우주, 물질, 형태를 배우고 육지와 바다를 측량하고, 장소와 기후를 구분했습니다. 오늘날 우주의 네 부분을 익히고, 그 안의 지역과 국가, 왕국과 공화국도 배웠습니다. 알기 위함이기도, 알리기 위함이기도 했으나 무엇보다 무지하거나 게으른 탓에 자신이 발을 디딘 곳이 어디인 줄도 모르는 저속한 사람이 되지 않기 위함이었습니다.

점성술에서는 분별하는 능력을 배웠습니다. 하늘색의 천체들을 보면서 다양한 움직임을 깨닫고 별과 행성의 수를 헤아리며 그 영향과 효과를 관찰했습니다.

그의 실용적인 공부의 절정은 성경이 주는 깊은 깨달음이었습니다. 성경은 가장 유익하고 변화무쌍하며 즐거운 교훈을 선사합니다. 특히 왕들의 불사조라 불리는 아량 넓은 알폰소*는 성경을 처음부터 끝까지 열네 번 탐독했습니다. 반복 속에서 고상한 취향과 모범적인 영웅의 모습을 배울 수 있었습니다.

이렇게 그는 세상 전체를 알게 되었습니다. 도덕 철학은 그를 신중한 인간으로, 자연은 현명한 인간으로, 역사는 준비된 인간으로, 시는 독창적인 인간으로, 수사학은 유창한 인간으로, 인문학은 신중한 인간으로, 우주학은 박식한 인간으로, 성서는 경건한 인간으로 만들었습니다. 그는 그렇게 모든 종류의 문학을 섭렵하며 코루냐*Coruña*의 위대한 백작 세바스티안 데 멘도사

---

*   아라곤의 왕 알폰소 5세를 말한다.

*Sebastián de Mendoza*에 필적하는 성숙한 인간이 되었습니다. 이것이 그의 인생에 있어 위대한 첫 행보였습니다.

두 번째 여정은 꽤 유쾌한 여행이었습니다. 호기심 많고 관찰력 좋은 사람에게 주어진 두 번째 행복이었죠. 그는 이 세상의 모든 훌륭한 것과 최고의 것을 찾고 즐겼습니다. 사물을 들여다보지 않는 사람은 그것을 완전히 즐길 수 없습니다. 단순히 보는 것을 넘어 상상력도 동원할 수 있죠. 사람은 여러 번 본 것보다 한 번 본 것을 좋아하는데 한 번 보면 즐길 수 있지만 여러 번 보면 화가 나기 때문입니다. 그 즐거움을 첫 만남에 잘 보존해 반복에 노출되지 않도록 해야 합니다. 첫날에 주인에게 기쁨을 주었듯 나머지 날엔 또 다른 사람들에게 기쁨을 줄 수 있을 것입니다.

이렇게 그는 현인들이 그토록 칭송하는 경험의 법칙을 학습했습니다. 특히 관찰하는 자가 직접 뛰어들고 숙고할 줄 알 때, 모두가 존경 혹은 깨달음을 표하며 바라보게 됩니다.

그는 온 우주를 뒤흔들었고 모든 정치적 지역을 순회했습니다. 부유한 스페인, 유명한 프랑스, 아름다운 영국, 섬세한 독일, 용감한 폴란드, 유쾌한 모스크바공국, 그리고 이 모든 특징을 합친 이탈리아까지 거닐었지요. 명성이 자자한 도시들을 찬양하며, 각 도시의 과거와 현재에서 가장 특별한 것을 모두 갈망했습니다. 그는 장엄한 신전, 호화로운 건축물, 영민한 정부, 똑똑한 시민들, 빛나는 귀족, 박식한 학교와 교양 있는 태도를 보았습니다.

위대한 군주가 있는 궁정에도 자주 갔습니다. 궁정에서 그는 자연의 경이로움과 회화, 조각, 실내 장식, 도서관, 보석, 무기, 정원, 박물관을 보면서 모든 종류의 예술을 섭렵합니다.

세상의 선구자들, 그리고 위대한 자들과 문자, 가치, 기술의 훌륭함에 대해 이야기를 나눴는데 그 모든 대화는 각각의 값어치를 관찰하고, 비판하고, 대조하며 분별력 있는 이해에 기반해 이루어졌습니다.

아름다운 삶의 세 번째 여정, 가장 중요하며 가장 빛나는 이 여정에서는 지금까지 얼마나 많이 읽었고 얼마나 많이 보았는지 되짚고자 명상을 택했습니다. 영혼의 문을 얼마나 많이 열었는지에 따라 지식의 부채는 줄어

듭니다. 그는 숙고하고 판단하고 생각하고 추론하여 진실이라는 본질을 얻었습니다. 읽은 것을 삼키고, 본 것을 먹어 치우고, 명상하며 이를 되새기고, 대상을 분해하며 사물의 핵심에 다가가고, 진실을 탐구하며 진정으로 현명한 영혼을 키워 나갔습니다.

노년은 명상을 위한 시간입니다. 육신이 힘을 잃어갈 땐 영혼의 힘이 더욱 필요한 법입니다. 더 많이 써서 쇠해 가는 육신의 아래쪽과 위쪽 사이에 균형을 맞춰야 합니다. 나이에 따라 사물의 개념이 완전히 다르게 보이고, 생각과 감정이 성숙함으로 여물어 갑니다.

사물에 대한 신중한 성찰은 매우 중요합니다. 첫인상은 휘발되어 버리고 다시 보아야 알 수 있는 것도 있기 때문이죠.

들여다보면 관찰력이 생기지만 명상을 하면 현명해집니다. 옛 철학자들 모두 걷고 보면서 순례를 시작했고 그다음이 지성의 차례였습니다. 신중한 사람이 쓸 수 있는 왕관은 철학하는 방법을 깨우치는 것입니다. 유익한 맛의 꿀과, 분별력으로 빛나는 밀랍을 구하러 다니는 성실한 벌처럼 어디서든 우리는 철학을 해야 합니다. 그 철학이란 다름 아닌 죽음에 관한 명상입니다. 앞으로 더 많은 시간이 흐른 뒤에 인생에서 단 한 번 찾아올 죽음을 잘 맞이하기 위해서 우리는 명상에 명상을 거듭해야 합니다.

옮긴이
강민지

연세대학교에서 사회복지학을 전공하고 한국외국어대학교 통번역대학원 한서과를 졸업했다. 현재 스페인어 국제회의 통번역사로서 문화, 환경, 외교 등의 분야에서 소통과 교류를 돕고 있다. 번역 에이전시 엔터스코리아에서 스페인어 전문번역가로도 활동 중이며, 좋은 책을 좋은 글로 소개해 저자와 독자의 풍부한 교감을 이끌어내고자 노력하고 있다. 주요 역서로는 《만화 예술의 역사 1: 고대 세계》, 《만화 예술의 역사 2: 중세 시대》, 《만화 예술의 역사 3: 르네상스》 등이 있다.

완전한 인간

초판 1쇄 발행 2023년 8월 31일
초판 2쇄 발행 2023년 9월 27일

지은이 발타자르 그라시안
옮긴이 강민지
펴낸이 안병현 김상훈
본부장 이승은 **총괄** 박동옥 **편집장** 임세미
책임편집 한지은
마케팅 신대섭 배태욱 김수연 **제작** 조화연

펴낸곳 주식회사 교보문고
등록 제406-2008-000090호(2008년 12월 5일)
주소 경기도 파주시 문발로 249
전화 대표전화 1544-1900 **주문** 02)3156-3665 **팩스** 0502)987-5725

ISBN 979-11-7061-024-3 (03100)
책값은 표지에 있습니다.